D1375130

Geld & cultuur

Geld & cultuur

Cultureel ondernemerschap in financieel moeilijke tijden

Annick Schramme (Red.)

 Bilsen Fonds voor Cultuurmanagement
Universiteit Antwerpen

D/2013/45/118 – ISBN 978 94 014 0825 7 – NUR 658

VORMGEVING COVER: Lodewijk Joye
VORMGEVING BINNENWERK: Scriptura

© Annick Schramme (Red.) & Uitgeverij Lannoo nv, Tielt, 2013.
Uitgeverij LannooCampus maakt deel uit van Lannoo Uitgeverij,
de boeken- en multimediadivisie van Uitgeverij Lannoo nv

Alle rechten voorbehouden.
Niets van deze uitgave mag verveelvoudigd worden en of
openbaar gemaakt, door middel van druk, fotokopie,
microfilm, of op welke andere wijze dan ook, zonder
voorafgaande schriftelijke toestemming van de uitgever.

UITGEVERIJ LANNOOCAMPUS
ERASME RUELENSVEST 179 BUS 101
3001 LEUVEN
BELGIË
WWW.LANNOOCAMPUS.BE

Inhoudsopgave

Inleiding   7
Annick Schramme

1. De manier van financieren doet ertoe: 13
wat is goed om te doen?
Arjo Klamer

2. De noodzaak van groei   35
Walter van Andel

3. Crowdfunding. Kweekvijver voor het   62
nieuwe mecenaat?
Roy Cremers

4. Adopt-a-Book: wie niet vraagt, niet wint   73
Erfgoedbibliotheken in Vlaanderen:
onbekend en onbemind
Eva Wuyts

5. Een cultuurhuis is een bedrijf: over de   90
spanning tussen cultuur en ondernemen
Dirk De Clippeleir

6. Nico droomt van opera 106
Een draagvlak voor duurzame cultuur
Nico Mansfield

7. De toestand is ernstig, maar niet hopeloos 122
*Het Belgische galeriewezen, een landschap
in beweging*
Jo Coucke

8. Waarom je de subsidies uit het 144
**Kunstendecreet het best vermindert met
25 procent**
Een alternatieve kijk op subsidiëring
Dirk De Corte

Over de auteurs 152

Inleiding

Annick Schramme

Een reizend operagezelschap dat zijn publiek meeneemt op tournee, een populaire concertorganisatie die ambitieuze plannen heeft voor een nieuwe speelplek, een erfgoedbibliotheek die op zoek gaat naar haar 'fans', een beeldend kunstcentrum dat een bijzondere relatie uitbouwt met het bedrijfsleven: allemaal staaltjes van ondernemerschap die in deze publicatie aan bod komen.

Ondernemend zijn in financieel moeilijke tijden getuigt van veerkracht en creativiteit. Het begrip *ondernemerschap* is niet meer weg te denken in de media, het beleid, het bedrijfsleven en... in de culturele wereld.

Velen vragen zich echter af wat we er ons nu moeten bij voorstellen? In de gesubsidieerde cultuursector denkt men meestal spontaan aan het vinden van andere financieringsbronnen, naast de subsidies die de overheid geeft. Het hoeft dan ook niet te verwonderen dat het introduceren van het concept *ondernemerschap* door beleidsmakers met enig scepticisme onthaald wordt. Ze vrezen immers dat de volgende stap het verminderen of schrappen van subsidies zal zijn. Het is echter geen of/of-verhaal. Het kan niet de bedoeling zijn dat andere financieringsbronnen (zoals het bedrijfsleven, particulieren en mecenassen) in de plaats zouden komen van subsidies. Het gaat in de meeste situaties om aanvullende financiering. Cultureel ondernemerschap betekent niet dat de overheid zich als financier en wetgever nagenoeg kan terugtrekken. Door de symbolische en maatschappelijke waarde van kunst en cultuur is een blijvende betrokkenheid van de overheid van groot belang. De huidige Vlaamse regelgeving is er echter nog te veel op gericht om een ondernemende houding af te straffen in plaats van te stimuleren. Een activerende en ondernemende houding wordt dus ook verwacht van de overheid. Anders loopt het fout.

Waarom moet ondernemerschap nu gestimuleerd worden? Een meer gedifferentieerde inkomstenstructuur maakt een organisatie veerkrachtiger. Het risico wordt gespreid, waardoor de afhankelijkheid van één financierder afneemt. Baanbrekend werk op dat vlak is verricht door de Nederlandse hoogleraar Giep Hagoort (HKU/UU), met wie de onderzoeksgroep cultuurmanagement van de Universiteit Antwerpen intensief samenwerkt. Cultureel ondernemerschap betekent volgens hem dat er 'gewerkt wordt vanuit een eigen culturele visie en missie, daarbij balancerend tussen kunstzinnige ambities en economische mogelijkheden. Er wordt ook mede een verantwoordelijkheid getoond voor de culturele infrastructuur in de eigen omgeving'. In zijn *cultural business modeling* onderscheidt Hagoort tien soorten inkomsten-bronnen, gaande van autonome bronnen (inkomsten die op geheel eigen wijze gerealiseerd worden), over externe bronnen (waaronder sponsoring en matching), tot alge-meen-belangbronnen (die het algemeen maatschappelijk doel dienen, zoals mecenaat en subsidiëring). Het biedt een overzichtelijk raamwerk waar culturele organisaties mee aan de slag kunnen.

Het gaat bij ondernemerschap echter niet alleen over 'meer' middelen vinden, maar ook over het creëren van een maatschappelijk draagvlak. Door het telkens op-nieuw betrekken van een zo groot mogelijk publiek bij je artistiek project kun je een duurzamere werking uitbou-wen. Daarin zullen veel culturele organisaties zich wel herkennen. Want tal van culturele organisaties in Vlaan-deren en Nederland ondernemen nu al, maar door dat ondernemerschap meer te expliciteren en er bewuster mee bezig te zijn kunnen ze ook de kansen op succes verhogen.

Met deze publicatie wil het Bilsen Fonds voor Cultuurma-nagement – geheel in overeenstemming met zijn missie – ideeën aanreiken om cultureel ondernemerschap te sti-muleren. Daartoe hebben we dan ook de meest creatieve denkers in ons taalgebied aangesproken.

Zo legt prof. dr. Arjo Klamer in een eerste bijdrage uit wat de verschillende dimensies zijn van de waarde die cultuur heeft voor onze samenleving. Slechts vanuit het bewustzijn van de waarden die cultuur voor ons heeft kunnen we ook gepaste manieren zoeken om die waarden te versterken en verbanden te leggen met andere waardesystemen.

Walter van Andel, onderzoeker van het competence center Creatieve Industrieën & Ondernemerschap van de Antwerp Management School, focust op het begrip *groei* in die creatieve sectoren die in een meer marktgerichte context opereren, zoals gaming, design, mode en architectuur. Je kunt immers niet zonder meer stellen dat creatieve bedrijfjes op zoek zijn naar groei in de zin van 'meer winst maken'. Zij willen in de eerste plaats hun creatieve ideeën ontwikkelen. Daarin vinden zij de meeste voldoening. Groei kan dan op verschillende manieren worden geïnterpreteerd; het heeft veeleer te maken met een menselijk veranderingsproces dan met financieel gewin.

Een houding die we ook terugvinden bij Dirk De Clippeleir, directeur van de Ancienne Belgique in Brussel. Op zijn beurt vraagt hij zich af wat groei kan betekenen in een creatieve omgeving. Zijn antwoord is duidelijk: elk levend organisme heeft nood aan groei, vooruitzichten, nieuwe uitdagingen of initiatieven. Binnen de context van de AB heeft groei dus een dubbele betekenis: de zoektocht naar andere middelen om op termijn de doelstellingen te kunnen blijven invullen, en het creëren van nieuwe artistieke mogelijkheden. De Clippeleir droomt luidop van een derde platform voor zijn cultuurtempel, de Ancienne Belgique.

Verbanden leggen staat centraal in het verhaal over ondernemerschap van Nico Mansfield. Als directeur van een reizend operagezelschap kon ook hij niet ontkomen aan de drastische besparingen die het vorige Nederlandse kabinet heeft doorgevoerd inzake cultuur. Maar meer dan wie ook geeft hij blijk van veerkracht. Zijn geheim recept is een mengeling van idealen, dromen, maar ook pragmatisme en menselijk doorzicht.

Een vorm van ondernemerschap die sterk opgang maakt is *crowdfunding*. Voor sommigen een hype die wel zal overwaaien, voor anderen het wondermiddel bij uitstek. Allicht ligt de waarheid in het midden. In ieder geval levert Roy Cremers het bewijs dat het kan werken, als tenminste de juiste randvoorwaarden zijn vervuld. Er moet goed over nagedacht worden (niet ieder project of iedere organisatie leent zich ertoe) en het vraagt ook de nodige nazorg.

Eva Wuyts, coördinator van de Vlaamse Erfgoedbibliotheek, blijft alvast niet bij de pakken zitten en neemt het voortouw in de Vlaamse erfgoedsector. Samen met diverse partners is ze het pad aan het effenen voor een breedschalige wervingscampagne waarbij ze (potentiële) liefhebbers van ons literair erfgoed wil warm maken om mee zorg te dragen voor 'hun' erfgoed.

Tot slot geven we het woord aan de sector van de beeldende kunst. Galerist Jo Coucke brengt een heel eigen verhaal. Hij schetst de situatie van de Belgische/Vlaamse galeristen en legt een aantal pijnpunten bloot. De span-kracht van de Belgische galeristen wordt onderzocht te-gen de achtergrond van de huidige financiële crisis.

Naast deze boeiende praktijkverhalen zijn er ongetwijfeld nog meer voorbeelden van ondernemerschap in Vlaan-deren en Nederland. Met deze publicatie wil het Bilsen Fonds voor Cultuurmanagement in samenwerking met het Vlaams-Nederlands huis deBuren alvast het debat op gang trekken en de kennisdeling over het onderwerp sti-muleren. Deze publicatie is de zesde op rij. Vorige uitga-ven waren *Concurrentie in tijden van globalisering* (2008); *1+1=3? Over samenwerking in de cultuursector* (2009); *De verbeelding (opnieuw) aan de macht? Over creativiteit en in-novatie in de cultuursector* (2010); *Tussen droom en daad. Over het managen van (nieuwe) culturele architectuurpro-jecten* (2011); *Goed bestuur voor Cultuur. Over corporate governance in de cultuursector* (2012).

In 2011 maakte het Bilsen fonds ook de uitgave mogelijk van het enige handboek over cultuurmanagement in Vlaan-deren (A. Schramme, B. Verbergt, P. De Pelsmacker, D. De Corte, ed.).

1. De manier van financieren doet ertoe: wat is goed om te doen?

Arjo Klamer

Mensen in de culturele sector hebben de neiging om de manier waarop ze aan geld komen te beschouwen als bijzaak. 'Geld is geld', zeggen ze wanneer iemand vraagt naar de wijze waarop ze hun activiteiten financieren.

Ze hebben dan ook de neiging zich te richten op waar het 'geld' is. Wanneer de overheid de voornaamste bron van financiering is voor culturele organisaties zullen ze alles doen wat nodig is om subsidies binnen te hengelen. Wanneer de overheid aankondigt minder geld beschikbaar te stellen voor kunst en cultuur, zoals nu in Nederland, zijn ze geneigd zich te richten tot het meest voor de hand liggende alternatief: de markt en het bedrijfsleven.

Zo eenvoudig is het echter niet. De manier van financiering doet ertoe. Het ene geld is het andere niet. Het doet ertoe van wie het geld afkomstig is. Het warme geld van een kunstliefhebber werkt echt anders dan het kille geld van een wapenhandelaar. Daarom is het van belang dat mensen van culturele instellingen bewust bezig zijn met de financiering van hun artistieke aspiraties. Het gaat erom het goede te doen.[1] Vragen mensen van culturele instellingen mij als econoom om raad over hun financieringsproblemen, dan loop ik tegen het volgende aan:[2]

a. de standaardeconomische terminologie en instrumenten blijken nutteloos;
b. de neiging tot het toepassen van begrippen en modellen uit het bedrijfsleven;
c. mensen die effectief waren in het verkrijgen van subsidies maar niet ingesteld zijn op andere wijzen van financiering;
d. onduidelijkheid over wat men wil bereiken, waar het om gaat.

Vooral pijnlijk was het om te merken dat standaardeconomische begrippen zo weinig betekenen in de praktijk van culturele organisaties. De reden daarvoor ligt misschien in het feit dat het grootste deel van het werk in de culturele economie tot dusver gericht is op rationalisering van cultuurbeleid, of juist op het bekritiseren hiervan. Cultureel economen hebben verschillende begrippen geïntroduceerd, zoals 'publieke goederen', *merit good, Baumol's disease,* externaliteiten, *'option value',* economische impact, de multiplicator en de methoden van *contingent valuation,* hedonische prijzen, prijselasticiteit en *willingness to pay,* om subsidies te rechtvaardigen of juist te bekritiseren. Zowel de kunstmarkt als de arbeidsmarkt is grondig bestudeerd om het effect van subsidies te onderzoeken. Al die kennis is echter nauwelijks van toegevoegde waarde wanneer ik met culturele organisaties om de tafel zit om hun financieringsbehoefte en -problemen te bespreken.

Neem het voorbeeld van de Nederlandse organisatie Premsela, die de belangen van de designsector behartigt. Zij had opdracht gegeven tot een uitgebreid onderzoek naar de economische impact van die sector. De resultaten van het onderzoek waren allesbehalve indrukwekkend, behalve dan dat de impact toenam. Het kan interessant zijn kennis te hebben van de economische omvang van een bepaalde sector en diens invloed op andere sectoren. Maar wat volgt daaruit? De mensen van de organisatie hadden de opdracht tot onderzoek gegeven omdat ze dachten de resultaten nodig te hebben om beleidsmakers te overtuigen van de economische relevantie van hun sector. De verantwoordelijke politicus trok echter de conclusie dat de sector zo goed functioneerde, dat ze met minder subsidie wel verder konden.

Hiermee wil ik niet beweren dat de standaardeconomie geheel zonder verdienste is. Met een beetje goede wil kan het principe van dynamische prijsstelling worden toegeschreven aan inzichten die voortkomen uit de industriële economie. Daarnaast ontlenen we andere inzichten aan het werk van economen, zoals het begrip opportuniteitskosten en het verschil tussen consumptieve en investeringsbestedingen. Maar bezie ik wat ik kwijt kan op de werkvloer van het culturele veld, dan is de oogst van 40 jaar werk beschamend mager.

Omdat ik wel veel werk met (mensen van) culturele organisaties voelde ik me geroepen een ander perspectief
te ontwikkelen, een perspectief dat wel zou kunnen werken. Ik ontwikkel dit cultureel economisch perspectief
momenteel in een boek, genaamd *Het Goede Doen: voor
een waardevolle economie*. Dat boek is bedoeld als alternatief voor de managementmodellen en marketingtaal
waar het commerciële bedrijfsleven mee schermt. Ik
vermoed dat culturele organisaties dusdanig anders zijn
dat een andere aanpak met een andere taal nodig is. Een
dosis creativiteit is geboden.

Het uitgangspunt daarvoor is klassiek en ontleend aan
Aristoteles en andere klassieke denkers: alle activiteiten zijn
gericht op een bepaald 'goed'. In dat licht streven culturele organisaties naar de realisatie van bepaalde waarden en
goederen. In mijn boek verdeel ik de doelen die mensen,
organisaties en sociale entiteiten nastreven over vier dimensies in een poging om meer duidelijkheid te krijgen. Artistieke organisaties zijn in de eerste plaats ingesteld op het
realiseren van artistieke waarden, zoals het goed uitvoeren
van Hamlet, of het creëren van een grote tentoonstelling. Ze
streven wellicht ook naar de realisatie van maatschappelijke
waarden, in de hoedanigheid dat ze willen bijdragen aan
de aantrekkelijkheid van hun stad, aan politieke bewustwording, of dat ze mensen iets willen leren. Andere waarden
om na te streven zijn sociale waarden. Daaronder vallen
'goederen' zoals de gemeenschap, vriendschap en collegiali-
teit. De vierde en laatste zijn de persoonlijke waarden, goederen die relevant zijn voor specifieke personen. Een cultu-

rele organisatie zou bijvoorbeeld als doelstellingen kunnen hebben de carrière van kunstenaars te stimuleren, een plek te zijn waar mensen zich kunnen ontplooien of vaardigheden en kennis te ontwikkelen.

Transcendentale waarden	Maatschappelijke waarden
Schoonheid, waarheid, verlichting, kunst	Gerechtigheid, solidariteit, beschaving

Persoonlijke waarden	Sociale waarden
Vaardigheid, persoonlijke groei	Vriendschap, familie, collegialiteit

Figuur 1: Doelwaarden

Het benoemen van die waarden staat gelijk aan de vraag 'Waarvoor?' Of: 'Waartoe?' Welk doel dient de organisatie? Waarom is deze organisatie op aarde? Deze waarden bepalen de missie van de organisatie.

Alles wat de organisatie doet, dient gericht te zijn op het realiseren van die waarden. Als een culturele organisatie een financiële strategie formuleert, moeten de medewerkers beoordelen of die strategie de realisatie van hun waarden ondersteunt.

Het is niet altijd gemakkelijk deze eerste stap te zetten, vooral omdat medewerkers van culturele organisaties niet gewend zijn de waarden waar zij naar streven te benoemen. In de praktijk vraagt de benoeming wat aanmoediging en goed doorvragen: wat wil je echt? Wat is echt belangrijk voor je? Waar is dat goed voor?

Het is belangrijk op te merken dat de classificatie van goederen om na te streven geen zaken omvat zoals het genereren van klanten of inkomsten. Het inspelen op klantbehoeftes of het genereren van inkomsten zijn middelen die worden gebruikt om andere doelen te realiseren. 'Waarom verkoop je geen schoenen? Of wapens? Waarom prostitueer je jezelf niet? ... Oh. Dat wil je niet doen. Wat wil je dan wel? Wat is voor jou zo belangrijk aan het maken van theater, of het maken van een schilderij?'

Een van de doelen van de classificatie is het onderscheid te maken tussen middelen en doelen. Economisch denken heeft, wellicht onbedoeld, bijgedragen aan instrumenteel denken, alsof alles draait om de transacties op de markt, alsof de prijs voor die transacties doorslaggevend zou zijn en winstmaximalisatie het hoofddoel is. Maar een transactie is een middel, niet een doel op zich. Een theater verkoopt tickets met als doel bepaalde waarden te kunnen realiseren. Winst geeft een onderneming de mogelijkheid tot het uitbreiden van de activiteiten, om zodoende nog beter de eigen waarden te kunnen realiseren.

Een andere set van waarden heeft betrekking op de manier waarop een organisatie haar doelen realiseert. In navolging van onder meer Deirdre McCloskey en Alasdair Macintyre zouden we die middelwaarden *deugden* kunnen noemen, omdat ze betrekking hebben op de acties en interacties van mensen van een organisatie (referentie). Deugden zijn bijvoorbeeld: innovatief, respectvol, collegiaal, ondernemend en bereid om te leren.

Hoe dan geld te genereren in overeenstemming met de doel- en middelwaarden?

Om geld te kunnen genereren moet de organisatie beschikken over iets wat waardevol is voor anderen. Het conventioneel economisch perspectief doet dan denken aan producten die van waarde zijn voor potentiële gebruikers, die op hun beurt bereid zijn te betalen om eigenaar te worden van die producten. Dat perspectief blijkt echter beperkend.

Het cultureel-economisch perspectief dat ik hier introduceer, laat met zijn aandacht voor waarden en de realisatie van waarden andere mogelijkheden zien.

De eerste stap is vaststellen welk 'goed' de culturele organisatie (of kunstenaar) voor anderen realiseert. We hebben geleerd in privégoederen en publieke goederen te denken. Privégoederen hebben eigendomsrechten. Ze kunnen particulier eigendom zijn en worden gekocht en verkocht voor een prijs. Door het betalen van die prijs wordt de koper eigenaar van het goed, wat hem of haar recht geeft het goed te consumeren.

Omdat kunst vaak geen prijs boven het break-even-point haalt, zijn we geneigd kunst te zien als publiek goed of *merit good*, wat subsidiëring zou rechtvaardigen. Een verwante redenering wijst op externe effecten van het maken en consumeren van kunst. Die laatste redenering bevat een belangrijk punt en ontwikkel ik verder.

'Kunst' is niet te koop en kunstenaars of organisaties kunnen het ook niet verkopen. Een galerie kan een object verkopen – voor het gemak: een canvas met verf erop – en een theater kan voor een paar uur een stoel verhuren. Mensen kunnen het object kopen of de stoel huren. Het object wordt pas kunst als zij het zien als kunst. Als ze in het theater zitten, moeten zij wat ze horen herkennen als muziek. Dat is niet uniek voor de kunsten. Wanneer ze een metalen ding kopen met een motor erin moeten ze immers iets doen, namelijk rijden, om dat ding te transformeren tot een auto. Voedsel moeten ze eten en van een huis moeten ze hun thuis maken. Maar dat inzicht is vooral relevant voor de culturele sector, waarin het volgende vraagstuk aan de orde is: wat kunnen en moeten culturele organisaties doen om ons wat wij zien of horen als kunst te laten ervaren?

Een culturele organisatie die geïnteresseerd is in het realiseren van kunst heeft anderen nodig om dat te kunnen doen. Ze moeten mensen op een bepaalde manier betrekken bij hun proces. Daarom stel ik voor de metafoor 'kunst is een product' te vervangen door 'kunst is een gesprek'. Met die metafoor zien we het werk van kunstenaars en culturele organisaties als een bijdrage aan een gesprek, in de eerste plaats een artistiek gesprek. (Dat is de manier waarop wetenschappers denken over hun werk; zij praten daadwerkelijk over het leveren van bijdragen. Zie: Klamer, *Speaking of Economics*, 2007).

Kunst beschouwen als gesprek roept het idee op van een sociaal goed. Een sociaal goed lijkt op het door Buchanan bedachte *club good*, maar is algemener. Sociale goederen hebben de volgende kenmerken:

a. Een beperkt aantal mensen, maar op zijn minst twee personen, is eigenaar.
b. Het eigendom is van sociale of morele aard, niet van juridische aard.
c. Het goed kan niet worden toegeëigend door middel van markt- of overheidstransacties.
d. Ze hebben geen prijs, maar zijn wel van waarde voor de eigenaren.
e. Iemand kan eigenaar worden van een sociaal goed door het leveren van een bijdrage.
f. Het goed 'consumeren' impliceert meestal bijdragen aan de waarde ervan.

Vriendschap is een voorbeeld van een gedeeld goed. Een vriendschap is een goed, want het verkrijgen van vriendschap is kostbaar en biedt voordelen. Vrienden krijgen de vriendschap door iets te doen wat in het belang is van de vriendschap. Ze verliezen de vriendschap als ze stoppen met bijdragen aan de vriendschap. Wetenschap is een ander goed voorbeeld. Wetenschappelijke kennis wordt gedeeld door wie deelneemt aan de conversatie die wetenschap is.

Sociale goederen verschillen van publieke en collectieve goederen omdat ze uitsluiten wie niet 'deelneemt' aan het goed en voor rivaliteit kunnen zorgen (wanneer anderen ook een vriendschap willen met een vriend). Ze verschillen van privégoederen omdat ze niet te koop zijn in de markt en geen privé-eigendom mogelijk maken. Het is wellicht interessant op te merken dat in het geval van sociale goederen freeriders er niet mee weg komen. Bijdragen aan een sociaal goed wordt door economen gauw als altruïstisch gedrag gezien (waarom zou je zoveel over hebben voor de kunsten of de wetenschap?), maar dat is omdat zij het begrip 'sociaal goed' niet kennen en daarom sociaal gedrag niet herkennen.

Wanneer we kunst als een sociaal goed zien, wordt duidelijk waarom kunst transformeren tot een product, en daarbij focussen op verkopen en kopen, geen dienst doet aan haar gedeelde functie. Een theatergroep mag dan wel veel tickets verkopen; dat mensen naar de voorstelling komen kijken betekent niet per se dat ze meedoen aan het gesprek.

Wanneer een culturele organisatie als doel heeft bij te dragen aan het gesprek dat kunst heet, zal ze een beroep moeten doen op de mensen die al deelnemen aan het gesprek en zal ze anderen moeten verleiden zich ook in het gesprek te mengen. Het doel is anderen hoe dan ook te betrekken, en ervoor te zorgen dat mensen spreken over hun bijdrage en het gebruiken in hun eigen werk. Net zoals wetenschappers dat proberen te doen.

We kunnen nu specifieker worden met betrekking tot de financiering van de kunsten. De culturele organisatie moet ontdekken welke waarden ze te bieden heeft, en waar mensen voor willen betalen of aan willen bijdragen. Vanuit het perspectief van de organisatie zijn dat haar financiële waarden. Een museum biedt de optie om op een regenachtige dag een middag door te brengen met familie. Mensen zijn wellicht bereid daarvoor te betalen. Een schilder heeft iets te bieden voor boven de zetel. Als de schilder een goede naam heeft, zijn mensen bereid ook daarvoor te betalen. Mensen zijn bereid te betalen voor status, entertainment, voor inspiratie of voor hun opleiding. Ze zijn ook bereid een bijdrage te leveren als dat hun het gevoel geeft (mede-)eigenaar te zijn.

Creatief financieren is mensen betrekken door middel van nieuwe ideeën en hen aanzetten tot betalen of bijdragen. Organisaties en kunstenaars kunnen werken vanuit vier verschillende sferen.

De sfeer van de markt: Aan die sfeer wordt meestal gedacht wanneer men nadenkt over het financieren van
kunst en cultuur. Het is de sfeer van quid pro quo, van de
uitwisseling van equivalenten, meestal een goed dat ge-
ruild wordt tegen een specifiek bedrag: de prijs. Die logica werkt prima wanneer mensen elkaar niet kennen. Het
draait om goederen die van elkaar verschillen en waarvan
men zonder al te veel problemen de prijs kan vaststellen.

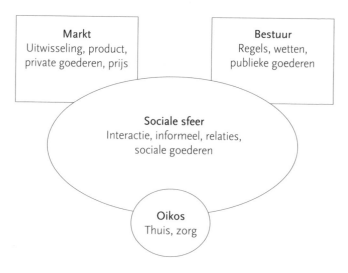

Figuur 2: De vier sferen

Een prettige eigenschap van deze sfeer is dat zodra er is
betaald en het goed van eigenaar is gewisseld, de rekening is vereffend. Er is geen sprake van een voortduren-
de relatie.

De sfeer van de markt vereist een concreet, herkenbaar product waarvan de waarde in geld of een equivalent kan worden uitgedrukt. Een fles wijn kan worden getransformeerd tot een product door er een prijs aan te verbinden en ze te koop aan te bieden.

Ook een fles wijn kan problematisch zijn voor de logica van de markt, omdat de koper niet kan zien of de inhoud wel deugt. Daardoor ontstaan conversaties waarin wijn wordt besproken, waarin experts zich manifesteren en kennis gedeeld wordt. De markt voor wijn heeft een voortdurend gesprek nodig om goed te kunnen functioneren. Het blijkt dan ook dat de kennis van experts zo waardevol is dat mensen hen graag betalen om een lekkere wijn aan te prijzen.

Het gesprek over wijn vindt plaats buiten de sfeer van de markt. Ik zal dat dadelijk verduidelijken.

Culturele instellingen willen zich bewust worden van hun producten en de prijs die ze daarvoor moeten vragen. Zo worden marketingtechnieken ingezet om potentiële klanten en hun bereidheid te betalen in kaart te brengen. Een theatergroep kan zo te weten komen dat mensen bereid zijn meer te betalen als ze een goede acteur inzetten. Televisie en sociale media vergroten vaak ook het bedrag dat het publiek voor een voorstelling wil neerleggen. Kunstenaars komen er wellicht achter dat hun werk waarde heeft voor bedrijven, of voor rijkelui die geïnteresseerd zijn in het opbouwen van een 'artistieke'

reputatie. Die kunstenaars kunnen leren van Andy Warhol, Jeff Koons of Damien Hirst, die succesvol hebben
laten zien dat het spelen met de logica van de markt een
kunst op zich is. Warhol heeft bijvoorbeeld aangetoond
dat mensen zijn werk meer waardeerden wanneer hij
een hogere prijs vroeg. Economen gebruiken daarvoor de
term *crowding in*. Maar het mes snijdt aan twee kanten:
andere kunstenaars kunnen ook publiek verliezen als zij
hun werk te hoog prijzen, wat afbreuk doet aan de artistieke waarde (*crowding out*).

De sfeer van het bestuur is de logica van overheden, maar
ook die van managers die haar toepassen in organisaties.
Via deze sfeer komt subsidiëren tot stand. Fondsen maken er net zo goed gebruik van. Dat betekent dat wanneer
kunstenaars of een culturele instelling aanspraak willen
maken op een subsidie, ze iets moeten bieden wat het
fonds kan waarderen (en waar het dus in wil investeren).
De subsidieverstrekker kan bijvoorbeeld willen investeren in onderwijs, experimentele of innovatieve waarden,
of werk met een hoog kunstzinnig gehalte. Instellingen
die een subsidie aanvragen, moeten zich tegenwoordig
steeds meer verantwoorden door het leveren van duidelijke (financiële) plannen en ondernemersinitiatieven.

De sfeer van de oikos speelt in de persoonlijke sfeer en
betekent letterlijk 'thuis'. Het is de logica van liefde en
zorg, loyaliteit en afhankelijkheid, en staat voor een belangrijke bron van inkomsten in de artistieke wereld. Het
leeuwendeel van de kunstenaars voegt waarde toe door

vele uren in hun werk te stoppen om vervolgens een (zeer) lage compensatie te ontvangen. 'Ze hebben hoge opportuniteitskosten', zouden economen zeggen. Ze realiseren hun financiële waarden dan ook elders, door een bijbaantje te nemen of een partner bereid te vinden hen financieel te onderhouden.

De sociale sfeer bouwt voort op die van de *oikos*. Het is de ruimte waar mensen samenkomen, relaties opbouwen, vrienden maken en naar clubs, feesten en verenigingen gaan. In die ruimte ontstaan sociale goederen door bijdragen van mensen. Mensen ontvangen giften, er is plaats voor wederkerigheid en delen. Je wordt er collega, lid van een club of deelnemer aan het gesprek dat we 'kunst' noemen.

Dus: hoe moeten we die waarden, van een kunstwerk of kunstzinnige uiting, realiseren? En hoe zit dat met de financiële waarden?

Alle vier sferen bieden kansen. Wel moeten we weten waar de focus ligt. Een organisatie die zich wil richten op de logica van de overheid is anders ingericht dan een die zich richt op de logica van de markt. Die laatste organisatie moet bijvoorbeeld het product goed weten te communiceren en goed voor haar klanten zorgen.

Opereren in de sociale sfeer gebeurt op een hele andere manier. Hebt u zich ooit afgevraagd waarom bestuurders van Amerikaanse kunstinstellingen zo idealistisch lijken ten opzichte van hun Europese collega's? De reden is dat Amerikaanse museumdirecteuren vooral in de sociale sfeer opereren. Ze zijn afhankelijk van individuele donaties, die alleen maar worden gegeven als men overtuigd is dat er wordt gewerkt aan het realiseren van een ideaal. En zo wordt de hele organisatie ingericht op het betrekken van donoren en het aantrekken van nieuwe geldschieters. Curatoren doen er daarom alles aan die geldschieters over het werk van en in het museum te enthousiasmeren.

Casus

Musea zijn een goed voorbeeld. Een museum is goed voor vele doeleinden: het vertelt over het cultureel erfgoed van een maatschappij, kan bijdragen aan een nationale identiteit, voegt een culturele kwaliteit toe aan een stad, vergroot het cultureel kapitaal en kan een vorm van onderwijs zijn. Zulke waarden spreken mensen aan, en daarom willen overheden musea subsidiëren. Zelfs in de VS is de overheidssteun voor het Smithsonian onbetwist: de instelling is simpelweg te belangrijk voor het land.

Een museum heeft ook waarde als plek om een vrije middag te besteden, iets te leren, iets bijzonders te ervaren of interessante spullen te kopen, maar zou ook dienst kunnen doen als locatie voor een feest of conferentie. Het heeft verder een naam – een *merk* – waar organisaties en individuen zich graag mee associëren. Al die waarden moeten worden gerealiseerd in de sfeer van de markt, door de marktlogica.

Werken met die logica vereist bepaalde vaardigheden. Potentiële klanten moet je effectief bereiken en zien te overtuigen om voor de belangrijke waarden te kiezen, en niet die van een andere instelling. De mensen van een museum moeten zich in het gesprek met mogelijke donoren begeven en, nog moeilijker, weten te onderhandelen. Mensen die goed zijn in het werken met fondsen en overheden zijn niet per se goed in het werken binnen deze sfeer. En andersom.

Maar we zijn er nog niet: een museum heeft nog veel meer te bieden. Mensen willen er deel van uitmaken en het museum tot 'hun' museum kunnen rekenen. Ze houden van de sfeer die het uitademt, ze houden van kunst in hun leven, en houden ervan zich onder het kunstzinnige volk te begeven. Daarom heeft een museum sociale waarde. Het realiseren van die waarde moeten we zoeken in de sociale logica. Interactie speelt een cruciale rol, net zoals het geven en ontvangen van bijdragen.

Het museum is ook een plek waar bezoekers, curators, gidsen, de directeur en ander personeel vaardigheden kunnen uiten en ontwikkelen. Je zou kunnen zeggen dat het museum een plek is waar persoonlijk vakmanschap tot ontplooiing komt.

Museumdirecteuren die op zoek zijn naar subsidie moeten al die waarden in acht nemen. Het streven moet het optimaliseren van die waarden zijn.

Daarbij is het van belang rekening te houden met zogenoemde *spillover-effecten* van financieren. Geld dat op een bepaalde manier is binnengehaald, vertegenwoordigt het realiseren van bepaalde financiële waarden. Maar het realiseren kan ook andere waarden beïnvloeden, zowel op een positieve als op een negatieve manier. Steun van een sponsor met een sterke commerciële reputatie zou ten koste van de artistieke reputatie kunnen gaan. Ze kan ook de motivatie van museummedewerkers (negatief) beïnvloeden.

Laten we eens kijken naar een museum voor moderne kunst in Nederland, Het Stedelijk Museum, eind twintigste eeuw. De Nederlandse importeur van Audi was bereid de financiering van een extra museumvleugel op zich te nemen. Als tegenprestatie vroeg hij een ruimte voor een tentoonstelling. De directeur van het museum was enthousiast, maar het stadsbestuur (eigenaar van het museum) wees het plan van de hand omdat het te commercieel zou zijn. Achteraf gezien was het enthousiasme van de directeur niet zo terecht. Afgezien van het feit dat het museum meer waard was (een tentoonstellingsruimte in een dergelijk goed museum kon meer opbrengen dan Audi bood), zou de deal ook de artistieke reputatie van het museum hebben aangetast. Prestigieuze Amerikaanse musea zouden er niet over peinzen in zee te gaan met een commerciële partij, juist vanwege *spillover-effecten*.

De vraag is welke vorm van financiering het meeste toevoegt aan wat het museum nastreeft. Voor het Stedelijk is dat kunst, in het bijzonder de hedendaagse. Het wil bijdragen aan het gesprek over moderne kunst en wil bezoekers zo veel mogelijk in dat gesprek betrekken. Het zoekt naar erkenning van mensen die zich in de kern van dat gesprek begeven, de elite van de moderne kunst (directeuren van andere musea, uitmuntende curatoren, belangrijke kunstenaars, invloedrijke verzamelaars, voorname critici). Alles wat het museum doet, werkt naar dat doel toe.

Of een auto-importeur zich aan dat doel wil committeren, is maar de vraag. Misschien dat de baas dat wel wil, maar wat voegen de werknemers van de importeur aan het doel toe? Waarschijnlijk niet veel. (De directeur stond wel open voor artistieke interventie in zijn tentoonstellingsruimte. Dus als de kunstenaar Joep van Lieshout een Audi in een Duitse tank had omgetoverd, had hij dat waarschijnlijk prima gevonden. Als de deal zo was uitgepakt, was het vanuit een artistiek oogpunt zo gek nog niet.)

Deals met sponsors hebben met grote overheidssubsidies gemeen dat ze eigenlijk maar op een paar mensen betrekking hebben. Die mensen geven niet hun eigen geld uit, maar dat van de organisatie. De importeur geeft geld uit dat de aandeelhouders toehoort, en de overheid besteedt belastinginkomsten. De macht ligt dus bij de betaler, en niet bij hen op wie het betrekking heeft, of zij die er werkelijk om geven. Zulke deals zijn niet goed voor het betrekken van mensen, of het aanwakkeren van waardering voor de kunst in het museum.

De sociale ruimte biedt alternatieve wijzen van financiering van het museum. Omdat de sociale ruimte een beroep doet op betrokkenheid en in feite over relaties gaat, is ze perfect toegesneden op de sociale en transcendentale doelen. Donateurs geven omdat ze zich om het museum bekommeren. Door middel van de donatie bezitten zij een moreel stukje museum: het museum wordt 'van hen'. Dat gevoel van bezit maakt mensen tot een ambassadeur of supporter, met als gevolg dat ze anderen over het museum vertellen en meenemen voor een bezoek. Ze dragen dus bij aan het gesprek dat het museum gestalte geeft.

Met de logica van de sociale sfeer kunnen we tot een oplossing komen voor het probleem tussen het Stedelijk Museum en de auto-importeur. Stel dat Audi geen tentoonstellingsruimte vraagt, maar in plaats daarvan zijn bijdrage afhankelijk laat zijn van de bereidheid van Audi-rijders om bij te dragen. Ze kunnen die bereidheid kenbaar maken door een Audi te kopen. Verkopers van de auto moeten dat gegeven in hun verkoopverhaal verwerken. Ze zullen klanten vertellen over de collectie van het Stedelijk en hun bijvoorbeeld een uitnodiging voor een opening van een tentoonstelling cadeau doen. Als van de totale verkoopprijs van de auto (maar) 100 euro naar het museum gaat, is de kans nihil dat de klant de aankoop erop af laat ketsen (Wat is 100 euro nou op het totaalbedrag?). Het zou nog beter zijn om een jaarlijkse bijdrage te vragen om de betrokkenheid te behouden en bewustwording van het museum bij de Audi-rijders te realiseren. Audi zou daar handig op in kunnen spelen door te adverteren voor tentoonstellingen van het museum, waardoor klanten de uitstraling van een kunstliefhebber krijgen. Een dergelijke deal ondersteunt de doelen van het museum veel beter dan het voorstel dat eerst op tafel lag.

Wat ik hierboven beschreef, is nooit tot stand gekomen. Ik vermoed dat de betrokken partijen de sociale sfeer anders zien dan ik. De logica van de markt en de overheid blijven hun aandacht trekken. Dat is in ieder geval zo in Europa, maar ik verwacht dat het zal veranderen. Goed gebruik van de sociale sfeer zal op den duur bittere noodzaak worden. Volgens mijn theorie en interpretatie van het geheel is dat een gunstige trend.

Referenties

MacIntyre, A. (1986). *After Virtue.* Notre Dame: University of Notre Dame Press.

McCloskey, D.N. (2006). *The Bourgeois Virtues: Ethics for an Age of Commerce*. Chigago: University of Chigago Press.

Buchanan, J.M. (1965). An economic theory of clubs. *Economica, 32*, 1-14.

Noten

1 Dit artikel is gebaseerd op resultaten van onderzoek dat ik heb gedaan voor een boek in ontwikkeling, *Het Goede Doen*.

2 De Nederlandse overheid besloot vorig jaar om de te bezuinigen op de subsidies voor kunst en cultuur. Mijn afdeling organiseerde een wedstrijd voor het meest creatieve idee voor alternatieve financiering voor de kunsten. We hebben een boekje, *Pak Aan* geheten, uitgegeven met daarin de honderd beste ideeën en hebben een bedrijf gestart dat culturele organisaties helpt bij het implementeren van een aantal van deze ideeën.

2. De noodzaak van groei

Walter van Andel

Introductie

Ondernemen in de creatieve industrieën kan een grote uitdaging betekenen. In die sectoren wordt het ondernemen bemoeilijkt doordat er specifieke uitdagingen spelen die niet of minder sterk voorkomen in de meer 'traditionele' industrieën (Guiette, e.a., 2011). Temeer omdat er sprake is van een enorme concurrentie, een continue en laagdrempelige instroom van nieuwe ondernemingen en een hoge omloop van talent en ideeën, blijven veel bedrijven in die sectoren fragiel en ondervinden ze lage groei.

De gevolgen van de verschillende financiële crises sinds het begin van dit millennium zijn dan ook verstrekkend geweest. Overlevingskansen op lange termijn voor ondernemers in de creatieve industrie zijn een stuk lager dan in de niet-creatieve industrie. Vooral de creatief-zakelijke dienstverlening, waartoe mode, design en architectuur worden gerekend, is een veeleisende sector met een lage kans op overleven (Van den Born, 2013).

Sector	Niet-creatieve industrie	Kunsten en cultureel erfgoed	Media & Enter-tainment	Creatief-zakelijke dienst-verlening
Overlevingskans (15 jaar)	40,6 %	35,8 %	32,1 %	29,7 %

Vanwege die financiële moeilijke tijden zijn veel ondernemingen in een constante *survivalmode* beland. Ze proberen slechts te overleven en leven van opdracht naar opdracht, met instabiliteit en onzekerheid tot gevolg. Ondernemingsgroei lijkt voor die bedrijven ver weg. Maar toch kan het nastreven van dat doel belangrijk voor hen zijn. Hoewel groei niet voor iedereen essentieel is, en niet binnen de ambities van elke creatieve ondernemer valt, kan het nastreven en uitwerken van een doordacht groeiplan wel de sleutel zijn om in financieel moeilijke tijden overeind te blijven als ondernemer. Groei is daarbij vooral een proces van verandering en (interne) sensibilisering omtrent de klant, de waardepropositie en de organisatie. Het is een intensief, continu leerproces met het oog op verbetering, waarbij de ondernemer zichzelf en de klant beter zal leren kennen, waardoor hij de huidige overlevingsmodus kan ontstijgen en overleven op lange termijn haalbaar is. Dit artikel zal verder ingaan op ondernemersgroei in het algemeen en groeiopportuniteiten binnen de creatieve industrieën.

Groei

Sinds de jaren tachtig is er veel onderzoek gedaan naar ondernemingsgroei. Daarbij werd vastgesteld dat snel groeiende bedrijven, ook wel *gazellen* of in bepaalde gevallen *high-impact firms* genoemd, verantwoordelijk zijn voor een belangrijk deel van de groei in arbeidsplaatsen in een land (Birch, 1981). In de literatuur over snelle groei wordt meestal een criterium voor groei gehanteerd dat is gebaseerd op een structurele toename van de omzet en/of het aantal arbeidsplaatsen in een bedrijf. Vaak hangen beide indicatoren met elkaar samen.

Er bestaan veel misvattingen over ondernemersgroei. Zo denken velen dat het gepaard gaat met het nemen van grote risico's, terwijl net het tegenovergestelde waar kan zijn. Ook zijn velen er niet van bewust dat groei geen lineair proces is. Groei gebeurt in verschillende fases en met verschillende snelheden. Een belangrijke factor die daar invloed op uitoefent, zijn de betrokken personen. Ondernemersgroei is grotendeels dan ook een menselijk veranderingsproces. De betrokkenen moeten leren om-

gaan met nieuwe situaties die ontstaan en de ondernemer moet dat proces van persoonlijke en organisatorische verandering leren managen.

Groei is daarom niet altíjd goed voor een onderneming.
Te veel of te snelle groei, zonder daarop voorbereid te
zijn, kan werknemers, processen en controle overwel-
digen. Dat kan ten koste gaan van de kwaliteit die je
nastreeft, de waardepropositie die de onderneming wil
overbrengen naar de klant, financiële controle, externe
relaties met leveranciers en andere stakeholders, en de
interne ondernemingscultuur. Ook kan het de onderneming in een nieuwe competitieve sfeer brengen. Wanneer een onderneming de sprong maakt van een kleine
speler naar een grotere (markt)speler, krijgt ze een ander
aanzien en worden er nieuwe ondernemingsverwach-
tingen geschapen bij de verschillende stakeholders. De
markt zal ook anders reageren op beslissingen van de onderneming. Voor kleine organisaties die niet voorbereid
zijn op dergelijke veranderingen kan groei een negatieve
uitwerking hebben. Groei is daarom ook niet altijd beter
dan een status quo.

Karakteristieken van groeiondernemingen

Onderzoek naar groei heeft aangetoond dat het veel meer
is dan slechts een strategisch doel. Groei vindt slechts
plaats wanneer bepaalde (voornamelijk interne) proces-

sen samenkomen om de juiste omstandigheden te creëren. Groei vereist ambitie, ruimte voor experimenten, een continu leerproces en een hoge mate van acceptatie voor falen.

Tal van organisatiewetenschappers hebben zich gebogen over de vraag of er bepaalde eigenschappen of karakteristieken zijn die typisch zijn voor groeiondernemingen. Is er een bepaald 'succesrecept' voor groei? Hoewel er geen eenduidig antwoord op die vraag bestaat, heeft onderzoek naar groeiende organisaties in de afgelopen jaren continu dezelfde kenmerken van dergelijke organisaties bevestigd. Dat 'DNA van consistente groei', blijkt van toepassing te zijn op zowel publieke als private groeiende organisaties. Het bestaat uit een zogenaamd *groeisysteem*, waarbij verschillende eigenschappen van een organisatie in samenhang een zichzelf versterkend, consistent systeem vormen waaruit groei kan voortkomen (Dutton, e.a., 2003; Hess, 2012).

Dat DNA voor groei bestaat uit:
– **Ondernemerseigenschappen.** De ondernemers zelf spelen uiteraard een belangrijke rol. Het is aangetoond dat eigenaars van groeiondernemingen kunnen worden gedefinieerd als gepassioneerde, door persoonlijke waarden gedreven leiders. Ze beschikken over het algemeen over een sterke ambitie om te groeien, en weten die ambitie in een visie om te zetten die deze groei kan verwezenlijken. Daarbij hebben ze het beleidsvoerend vermogen om de (complexe) exter-

ne omgeving te omkaderen binnen de onderneming door middel van expliciet gemaakte keuzes. Zodoende wordt een interne structuur gecreëerd waarmee ze direct kunnen inspelen op externe veranderingen.

- **Strategie.** Groeiondernemingen beschikken vaak over eenvoudige, maar doelgerichte strategieën, gericht op expansie. Dat kan in spanning staan tot vaak nagestreefde doelen van een organisatie zoals standaardisatie, voorspelbaarheid, betrouwbaarheid en consistentie. De strategievorming is bij groeiondernemingen een dynamisch, continu proces, waarbij werknemers en klanten worden betrokken in *feedback loops* (in tegenstelling tot een top-down strategisch proces dat voor de vorm slechts bij de jaarbudgettering wordt herhaald). Die strategieën leggen de nadruk op het leveren van betekenis of waarde(n) aan consumenten, boven winst of aandeelhouderswaarde. Daarnaast hebben die ondernemingen een hoge bereidheid om te investeren in de eigen organisatie.

- **Personeel.** Bij de medewerkers van een groeionderneming heerst een hoge mate van betrokkenheid en verantwoordelijkheidsgevoel. Hoge betrokkenheid van medewerkers resulteert in een hoge productiviteit, loyaliteit en een dagelijks streven naar verbetering en uitvoeringsperfectie. Het is het resultaat van een consistent beleid en consistent gedrag van leiders en managers. Heel betrokken medewerkers nemen een hoge mate van 'eigendom' van hun werk, in de overtuiging dat zij zichzelf daardoor kunnen ontplooien. Daarnaast hebben die werknemers vaak de capaciteiten om goed met snelle veranderingen om te gaan. De ondernemer bemoeit zich vaak zelf met de werving en selectie van personeel, zodat zij op het gebied van normen, waarden en mindset binnen de ondernemingscultuur passen.

- **Onderzoek en innovatie.** Groeiondernemingen leggen de nadruk op constante verbeteringen in hun producten/diensten, processen en organisatie. Ze investeren veel in onderzoek en innovatie, waarbij over het algemeen veel in samenwerking met de eindgebruiker wordt gewerkt (*co-creation*).
- **Stakeholders.** Met betrekking tot ondernemingscultuur, ethiek en bestaansreden streven groeiondernemingen vaak de doelen en belangen van meerdere stakeholders na, en wordt niet alleen winst als ultieme doelstelling aanvaard. Werknemers, klanten, publiek en de directe en indirecte samenleving om de onderneming heen worden daarbij als partners gezien.

Groeiopportuniteiten

Hess (2012) heeft na uitgebreid onderzoek in meerdere groeibedrijven verschillende manieren geïdentificeerd om groei te bewerkstelligen. We kunnen ze grotendeels onderbrengen in drie verschillende categorieën: innovaties, schaalvergroting en strategische uitbreiding.

Innovaties. Een innovatie is de (markt)introductie van een nieuw of sterk verbeterd product (of dienst), (productie)proces, organisatiemethode of markt (Miles & Green, 2008). Een innovatie is nieuw voor een onderneming, hoewel ze oorspronkelijk door een ander bedrijf kan ontwikkeld zijn. De verschillende types van innovatie sluiten elkaar niet uit. Vaak zijn de vormen van innovatie met elkaar verbonden en kan een innovatie in één aspect, zoals de organisatie, voortkomen uit, leiden tot, of onderdeel vormen van innovaties in andere aspecten, zoals producten en markten. Bij innovaties kunnen we een onderscheid maken tussen twee niveaus: *incrementele* en radicale innovaties. Bij *incrementele* innovaties worden bestaande technologieën of ideeën verfijnd, verbeterd en (anders) geëxploiteerd. Veel nieuwe producten en diensten zijn een vorm van *incrementele* innovaties, waarbij er verder wordt gewerkt aan een bestaand idee. Radicale innovaties, daarentegen, worden gedefinieerd als nieuwe introducties die een 'sprong' veroorzaken in de voortgang van een technologie of idee, introducties dus die iets wezenlijks nieuws bevatten (Chandy & Tellis, 1998).

Schaalvergroting. Een volgende opportuniteit van groei is schaalvergroting. Simpel gezien is dat *meer doen van hetzelfde*, of wel hetzelfde product of dezelfde dienst op een grotere schaal in de markt zetten. Het succesvol uitvoeren van een schaalvergroting kan een klein bedrijf snel laten groeien, maar het is ook een moeilijke oefening. Een ondernemer moet immers verschillende belangrijke overwegingen maken: wat is onze capaciteit? Wat kunnen we uitbesteden en aan wie? Hoe beschermen we het product? Richten we de schaalvergroting op bestaande of nieuwe klanten? Enzovoort. Schaalvergroting betekent vaak een ommekeer van een kleine onderneming, gericht op het bedenken en/of fabriceren van een product, tot een onderneming gericht op het managen van het productieproces, wat een interne organisatorische en cultuuromslag kan betekenen.

Strategische uitbreiding. Een derde opportuniteit van groei valt onder de noemer strategische uitbreiding. Dat kan op verschillende manieren gebeuren. Zo kan een onderneming zich op horizontale wijze uitbreiden door soortgelijke ondernemingen over te nemen. Zodoende creëer je een grotere capaciteit en bereik. Anderzijds kan een onderneming ook haar strategische uitbreiding in verticale zin doorvoeren. Ze neemt dan ondernemingen over die binnen de waardeketen voor of achter de onderneming zijn gelinkt aan de onderneming (zoals leveranciers of afnemers). Het resultaat is dat een groter deel van de waardeketen in eigen handen komt. Dat geeft meer controle en macht over het hele proces van concept naar klant.

Groeien in de creatieve industrieën

Veel sectoren binnen de creatieve industrieën kunnen we omschrijven als *hypercompetitief* (Van den Born, 2013). Over het algemeen is er in de creatieve industrieën sprake van een beperkt aantal grote ondernemingen die een belangrijk gedeelte van de output en werkgelegenheid verzorgen. De rest van elke sector bestaat vervolgens uit een aanzienlijk aantal kleine spelers die zich vooral richten op (lokale) nichemarkten (HKU, 2010; Jeffcutt & Pratt, 2002).

Hoewel het beeld van kunstenaars die uitsluitend creëren voor het kunstzinnige – *Art for Art's Sake* – aan het veranderen is, bestaat er nog altijd een bepaalde kloof tussen de culturele en creatieve aspecten aan de ene kant en de ondernemende aspecten aan de andere kant. Uiteraard verschilt dat naargelang het individu en de creatieve sector waarin iemand actief is. Aan de vraagkant zijn ook consumenten zich vaak niet bewust van hun 'smaak' en preferenties. In plaats daarvan ontdekken ze die smaak door middel van herhaalde ervaringen in een sequentieel proces van grotendeels onsystematisch 'leren door het consumeren'. Aangezien er een oneindige variatie is van creatief aanbod zal dat ontdekkingsproces ook nooit eindigen. Daardoor ontstaat er een grote onduidelijkheid over de te verwachten vraag naar een creatief product enerzijds en een onvoorspelbaarheid in de kwaliteitsperceptie van de consumenten anderzijds. Marktonderzoek vooraf is vaak ineffectief, aangezien het succes van een creatief product meestal niet verklaard kan worden, zeker niet vooraf. Dat leidt logischerwijs tot grote onzekerheid bij ondernemers in de creatieve industrieën en bovendien tot de noodzaak voortdurend risico's te nemen. Met name wanneer een creatief product kostbaar is om te produceren, in termen van geld, tijd en/of inspanning, kan dat verstrekkende gevolgen hebben (Caves, 2002).

Daarnaast heeft de productie binnen de creatieve industrieën in veel gevallen een collectief karakter met een ge-
diversifieerde en opdrachtspecifieke samenstelling, waarbij grote en kleine spelers voor de duur van één project
samenkomen en na afloop weer uiteengaan om nieuwe
samenwerkingen aan te gaan (Warren & Fuller, 2009). De
coördinatie van die activiteiten moet dan gebeuren binnen
een relatief kort en vaak eindig tijdsbestek (Caves, 2002).
Dergelijke collectieve productie is deels ook noodzakelijk,
aangezien veel freelancers en micro-ondernemingen alleen door gebruik te maken van hun netwerk en persoonlijke contacten als een groter geheel tegenwicht kunnen
bieden tegen de grote dominante spelers in de markt.

De digitale ontwikkeling heeft ook binnen de creatieve industrieën tot veel veranderingen geleid. Het toegenomen
gebruik van het internet brengt belangrijke veranderingen in de waardeketen en het distributieproces, waardoor
toegang tot de distributie wordt vergemakkelijkt en concurrentie van producenten en *contentmakers* toeneemt.
Als een gevolg daarvan moeten nieuwe marktstrategieën
en aangepaste businessmodellen worden gecreëerd die
op die evolutie inspelen (HKU, 2010).

Groeibelemmeringen voor creatieve ondernemers

Vanwege de bovengenoemde kenmerken van ondernemerschap in de creatieve industrieën is het niet verwon-

DE NOODZAAK VAN GROEI

derlijk dat veel creatieve ondernemers moeite hebben om te overleven, laat staan te groeien. De ervaring met het werken met en het bestuderen van creatieve ondernemers leert dat er voor groei verschillende specifieke belemmeringen zijn die alom vertegenwoordigd zijn in de creatieve industrieën.

- **Toegang tot kapitaal**. De toegang tot kapitaal en financiering is een grote belemmering voor groei voor veel creatieve ondernemingen. Dat heeft er onder meer mee te maken dat veel van die bedrijven zogenoemde *micro-ondernemingen* zijn. Met andere woorden: ondernemingen die bestaan uit slechts een of enkele personen die wel erg bedreven zijn in het produceren van een creatief product, maar niet de ambitie, middelen en/of capaciteiten hebben om op basis daarvan een groeiend bedrijf te vormen. Zulke bedrijven hebben vaak een aantal specifieke problemen in het bereiken van voldoende investeringsbereidheid in hun onderneming. Zo hebben ze moeilijkheden bij het vaststellen en bewijzen van een adequate waardering van de immateriële waarde van de producten. Daarnaast worden ze vaak gekenmerkt door een gebrek aan informatie over en inzicht in relevante financieringsbronnen. Ten slotte blijkt dat de creatieve industrieën en de financiële wereld vaak ver uit elkaar staan. Men begrijpt elkaars taal en ambities vaak niet (European Commission, 2010).
- **Organisatorisch**. Een volgende uitdaging heeft te maken met de ontwikkeling van de organisatie op het

vlak van professionaliteit. Dat heeft onder meer te maken met de zoektocht naar de juiste professionele structuur – juridisch en financieel zowel als organisatorisch – binnen een organisatie in ontwikkeling, maar ook met het vinden van de juiste personeelsprofielen die een veranderingstraject vereisen.

- **Exploratie versus exploitatie.** Een andere grote uitdaging waar veel creatieve ondernemers mee worstelen, is het vinden van een juist evenwicht tussen exploratie en exploitatie. Veel creatieve ondernemers werken zowel in opdracht van klanten als aan eigen projecten. Om een succesvol groeitraject te starten is het noodzakelijk een goede balans te vinden tussen de projecten die momenteel geld opleveren en projecten die voor toekomstige groei kunnen zorgen. Daaraan gerelateerd is ook de uitdaging om de juiste dosis investering in eigen ontwikkeling, innovatie en R&D vast te stellen.
- **Diversificatie/specialisatie.** In de heel competitieve markten van de creatieve industrieën kan het moeilijk zijn om je als ondernemer te onderscheiden. Veel creatieve ondernemers hebben dan ook moeite om zich voldoende te kunnen diversifiëren. De vrees is daarbij vaak dat ze zich met een verregaande specialisatie in een bepaalde niche uitsluiten voor meerdere opdrachten. Met als gevolg dat men het 'drukke midden' opzoekt waarin veel bedrijven opereren die alle soortgelijke producten en diensten aanbieden. Dat fenomeen is vooral sterk aanwezig in bepaalde creatieve sectoren, zoals mode, design en architectuursector.

- **Speed to market/gereedheid.** Een laatste thema van uitdagingen betreft de *speed to market* met betrekking tot innovatie. Hoe snel moet een creatieve ondernemer op de markt komen met een nieuw idee voordat het al achterhaald is? In de bijzonder snel evoluerende creatieve industrieën is snelheid noodzakelijk. Het kan evenwel leiden tot een enorme tijdsdruk en (organisatorische) spanning, waarbij ook het evenwicht tussen snelheid en kwaliteit goed bewaakt moet worden.

Groeiopportuniteiten voor creatieve ondernemers

Ondanks de moeilijke ondernemerschapsomstandigheden en de groeibelemmeringen voor creatieve ondernemers zijn er wel degelijk verschillende groeikansen te detecteren. In wat volgt bespreken we drie verschillende voorbeelden van groeikansen voor dergelijke ondernemers. Die opportuniteiten zijn gecategoriseerd volgens de drie rubrieken van groeiopportuniteiten zoals we die eerder hebben vermeld: innovaties, schaalvergroting en strategische uitbreiding. Binnen elk van die categorieën wordt een voorbeeld gegeven van een trend binnen de creatieve industrieën waarop een creatieve ondernemer kan inspelen. Daarbij geven we ter illustratie ook voorbeelden van ondernemingen die op innovatieve wijze dergelijke trends binnen de creatieve industrieën hebben gedetecteerd én omgezet naar een groeiopportuniteit.

Innovaties

Er zijn legio manieren waarop een creatieve ondernemer door middel van innovatie groei kan bewerkstelligen. Binnen de creatieve industrieën zijn verschillende trends merkbaar waarop een ondernemer kan inspelen. Een belangrijke trend is momenteel de verregaande verpersoonlijking van producten en diensten, ook wel *mass customization* genoemd ('massamaatwerk').

In een tijd waarin we steeds meer belang hechten aan de personalisatie van een individuele ervaring van de consument zijn de creatieve industrieën exemplarisch en illustratief voor bedrijfstakken waarin unieke, gepersonaliseerde *co-created* producten worden afgeleverd (Hearn, e.a., 2007). Bij die cocreatie wordt de klantenwaarde mede bepaald door de consumenten. Zo is in de gamingsector een belangrijke factor in het succes van een product niet alleen de *gameplay* zelf, maar ook de mogelijkheden die de consument heeft zelf zijn eigen persoonlijke ervaring te creëren door middel van een eigen input van personages, levels en andere content. Prahalad en Krishnan (2008) omschrijven dat fenomeen met de formule $N=1$: elke klantenervaring is uniek. Het wordt dan ook als de nieuwste fase in creatieve industrieën beschouwd, die een evolutie hebben doorgemaakt van 'massacultuur' via 'diversiteit van segmenten' naar '*mass customization*' (Hirsch, 2000).

Het idee van *mass customization* is niet nieuw – het werd al in 1992 geïntroduceerd (Pine, 1992) – maar de jongste jaren komt het concept pas echt tot ontplooiing, vanwege verbeterde mogelijkheden op het vlak van communicatie (internet), distributie en fabricage (3D-printers, bijvoorbeeld). Hoewel het concept al veel toepassingen had gevonden binnen de confectiekledingsectoren, zoals in het *Nike iD*-platform (waarin de consument een gepersonaliseerde look aan zijn schoenen kan toevoegen), vindt het pas recentelijk meer doorgang op de *high fashion*-markt. In de afgelopen seizoenen hebben verschillende luxemodemerken maatwerkplatformen geïntroduceerd, zoals Louis Vuittons *Mon Monogram*, waarmee consumenten persoonlijke initialen en kleuren toevoegen aan tassen van het merk, en *Prada Customize*, waarmee je persoonlijke teksten kunt toevoegen aan de producten.

Terwijl het bij de bovengenoemde voorbeelden slechts om kleine esthetische aanpassingen gaat, gaat Burberry een stap verder. Met het online-initiatief *Burberry Bespoke* hebben consumenten de mogelijkheid om een compleet aangepaste trenchcoat te bestellen. Ze kunnen verschillende stijlen, stoffen, kleuren, knoppen, *studs* en andere parameters selecteren. Met de mannen en vrouwen samen zijn er meer dan 12 miljoen opties. Hoewel een onderneming zoals Burberry zoiets niet lanceert met het doel om groei na te streven, ziet de onderneming het als een belangrijke evolutie in de *high fashion*-markt. Het gaat om klantenbinding, en dat die klanten begaan en betrokken zijn (Sonne, 2011). Voor vele kleinere modebedrijven en andere creatieve ondernemers kan een focus op *mass customization* een belangrijke opportuniteit betekenen om groei in te zetten.

Schaalvergroting

De tweede geïdentificeerde categorie van groeiopportuniteiten is schaalvergroting. Binnen de creatieve industrieën kan schaalvergroting een grote uitdaging betekenen. De expliciete uniciteit van veel van de producten uit die sectoren betekent juist dat ze *one of a kind* zijn en daardoor niet verschaald kunnen worden. Er zijn echter wel mogelijkheden om dat op een doordachte wijze aan te pakken. De Brusselse filmproductiemaatschappij en distributeur nWave Pictures heeft op inventieve wijze schaalvergroting kunnen bewerkstelligen. De onderneming gebruikt namelijk de mogelijkheid om één creatief product meervoudig te exploiteren en bereikt zodoende een productie op vergrote schaal.

nWave Pictures is een van de meest toonaangevende producenten van 3D-animatiefilms in verschillende verschijningsvormen ter wereld. Sinds haar oprichting in 1992 heeft de onderneming aan het begin gestaan van de 3D-ontwikkeling en is nWave Pictures wereldwijd uitgegroeid tot een van de meest innovatieve, dominante en productieve producenten en distributeurs van 3D-films. Zo pakte het bedrijf uit met *Fly Me to the Moon 3D*, de allereerste bioscoopfilm die volledig in 3D was gemaakt.

Verder is nWave Pictures vooral bekend van de filmreeks *Sammy's adventures*.

Hoewel de belangrijkste focus van nWave Pictures tegenwoordig ligt op de productie van 3D-bioscoopfilms, heeft het bedrijf van origine veel verschillende vormen van animatiefilms gemaakt. De studio is begonnen als producent van animatiefilms voor attractieparken. Die zogenoemde *ridefilms* zijn korte films van zo'n 4 à 5 minuten die door pretparken worden gebruikt in *motion simulators*, attracties waarbij een klein aantal toeschouwers door elkaar geschud wordt tijdens het kijken van de filmbeelden, waardoor het lijkt alsof ze zich in een bewegend voertuig bevinden. Daarnaast maakt nWave films voor speciale grootformaat-bioscopen zoals de IMAX-theaters, die voornamelijk zijn gevestigd in musea, *science centers*, dierentuinen en soortgelijke locaties. Ten slotte produceert nWave Pictures ook 4D-films. Die worden gemaakt voor vaste locaties in bijvoorbeeld attractieparken, musea of *science centers*, duren ongeveer 10 tot maximaal 20 minuten en bevatten behalve 3D-effecten op het scherm ook fysieke effecten in de zaal. Zo kan er tijdens een film bijvoorbeeld regen of wind worden gesimuleerd in de zaal, of kan een tak naar beneden vallen tijdens de voorstelling.

Hoewel op deze drie nevenmarkten niet de voornaamste focus van de studio ligt, zijn ze heel belangrijk voor nWave Pictures. Met name omdat het bedrijf momenteel nog een van de weinige studio's is die nieuwe *content* maken voor deze markten. Doordat nWave Pictures die markten niet heeft afgestoten, wat veel van de concurrenten in de markt wél hebben gedaan, heeft nWave Pictures de mogelijkheid om schaalvergroting toe te passen middels meervoudige exploitatie. *Fly Me to the Moon*, bijvoorbeeld, was als 3D-langspeelfilm een groot succes: de *boxoffice-ticketverkoop* benadert al het dubbele van het budget. Van dezelfde film heeft nWave Pictures ook een verkorte versie gemaakt voor IMAX, een versie voor 4D-pretparkattracties en een *motion simulator ride film*. Voor die nevenmarkten past nWave Pictures evenwel steeds het verhaal aan, creëert het een aantal nieuwe scènes die beter aansluiten bij de nieuwe markt en krijgt de uitgave vaak een nieuwe naam, om verwarring te vermijden. Om de mogelijkheden tot uitwaaiering naar andere markten (ook wel *leveraging* genoemd) te vergroten, probeert nWave Pictures de thema's en omgevingen zo verstandig mogelijk te kiezen en ingrediënten te verwerken die behalve een entertainende waarde ook een educatieve of institutionele waarde bieden. Zo heeft het merendeel van de IMAX-films vanwege de institutionele locaties van de schermen, bijvoorbeeld in musea en *science centers*, nog altijd een informatieve boodschap. Door op doordachte wijze thema's te kiezen die op meerdere vlakken toepasbaar zijn, behoudt nWave Pictures de mogelijkheid de film maximaal te kunnen exploiteren.

Bij *Fly Me to the Moon*, bijvoorbeeld, gaat het verhaal over de eerste vlucht naar de maan met de Apollo 11-ruimteveer. Dat gegeven leent zich behalve voor een amusementsfilm in 3D ook uitstekend voor een informatieve animatiefilm over die historische gebeurtenis. Dat maakt de film dan weer interessant voor institutionele (IMAX-) locaties, ook al doordat de release van de film samenviel met de veertigste verjaardag van de lancering en er daardoor een hernieuwde interesse in het onderwerp was, onder meer in educatieve zin. Daarnaast is een ruimtereis uitermate geschikt om te gebruiken als 4D-attractie, of als 3D-*ridefilm*.

Bij de tweede langspeelfilm, *Sammy's Adventures: The Secret Passage*, werd dezelfde strategie gebruikt. Die prent vertelt het levensverhaal van twee zeeschildpadden die een vijftig jaar durende reis rond de wereld maken. Daarbij spelen de door de mens veroorzaakte veranderingen in de natuur en ecologie in diezelfde tijdspanne een belangrijke rol, wat vervolgens weer kan worden gebruikt op institutionele locaties. Bovendien leent het onderwaterverhaal zich uitstekend voor een 4D-attractie, of een 3D-*ridefilm*. Die mogelijkheden tot uitwaaiering geven nWave Pictures de opportuniteit met één bepaalde productie uiteindelijk tot wel vier verschillende films te komen, alle met een verschillend karakter, doellocatie en -publiek (Van Andel & Vandenbempt, 2012).

Strategische uitbreiding

De creatieve industrieën hebben de afgelopen jaren onder invloed van verschillende trends en evoluties verschillende structurele veranderingen ondergaan. Met name de vergrote invloed van digitalisering heeft verschillende sectoren door elkaar geschud. Het heeft gezorgd voor significante vernieuwingen in de waardeketens van sectoren zoals muziek, gedrukte en audiovisuele media en gaming, en heeft geleid tot verschuivingen binnen de vroeger heersende machtsverhoudingen. De combinatie van digitalisering en verhoogde internetsnelheden biedt ondernemingen de kans tot de eenvoudige en technisch gezien vrijwel kosteloze mondiale verspreiding van ideeën, producten en diensten. Dat zorgt voor nieuwe ondernemingsopportuniteiten, met name ook voor veel creatieve producenten. Voorheen waren zij vaak genoodzaakt te werken met verschillende tussenschakels, waarbij ze afhankelijk waren van uitgevers en distributeurs om de producten bij de klant te krijgen. Momenteel is de trend merkbaar dat die creatieve producenten hun eigen waardeketen gaan versmallen. Met dank aan de vernieuwde mogelijkheden expanderen zij in verticale zin door taken van andere schakels in de waardeketen over te nemen.

De Gentse gameontwikkelaar Larian Studios heeft op een doordachte wijze gebruikgemaakt van de vernieuwde mogelijkheden van het digitale tijdperk. Larian Studios is de bekendste gameontwikkelaar uit België en is op wereldwijd niveau competitief in de markt van de zogenaamde *triple A-games*. De *gamedeveloper* is bekend geworden met *Divinity*, de epische *fantasy role-playing gamesaga*, en met een aantal kindergames die werden gemaakt voor televisieomroepen zoals VRT (*Ketnet Kick*) en BBC. Ondernemers in de gamingsector worden geconfronteerd met veel factoren die een snelle groei kunnen tegenhouden. Zo is de game-industrie een zeer competitieve, mondiale markt. Daardoor moet een kleine gameontwikkelaar feitelijk concurreren met alle grote *developers*, zoals Activision, Electronic Arts en Rockstar Games, die voor een groot deel de dienst uitmaken in de markt. De grote concurrentie zorgt er tegelijk voor dat een heel hoog niveau van de ontwikkelaars wordt vereist. Gaming is typisch een zogenoemde *winner takes all*-markt, waarbij de beste game per genre op dat moment vaak de mogelijkheid heeft de hele markt te veroveren voor een korte periode (Jeffcutt & Pratt, 2002). Zo wordt 80% van de omzet van een game binnen het eerste jaar behaald en kan dat voor sportgames zelfs oplopen tot 90% (Bughin, 2009).

In het traditionele industriemodel van de gamingsector worden nieuwe games voorgefinancierd door een uitgever. Die verleent dan tijdens de (pre)productiefase van een game een voorschot waarmee de ontwikkelaar de lange periode van gameontwikkeling kan financieren. Een groot nadeel van dat model is dat dit voorschot uiteindelijk weer wordt verrekend met latere inkomsten. Daardoor ontvangt de ontwikkelaar pas nieuwe inkomsten nadat het voorschot is terugbetaald met de royaltyinkomsten. Door de inmenging van tussenschakels zoals uitgevers en distributeurs blijft er slechts relatief weinig van de verkoopprijs over voor de ontwikkelaar.

Sinds 2010 heeft Larian Studios besloten afstand te doen van dit *advances against royalties*-model en probeert het bedrijf zonder uitgevers te werken. Door reserves aan te boren die het in de loop van de jaren heeft opgebouwd, heeft het bedrijf op dit moment de mogelijkheid om de ontwikkeling van de nieuwste games zelf te financieren. Door die beslissing is het echter genoodzaakt bepaalde uitgeverstaken – onder meer distributie – op zich te nemen. De opkomst van digitale distributie biedt een oplossing. Spellen van Larian Studios zijn sinds enige tijd rechtstreeks via de website te koop en ook via het online distributiesysteem Steam. Ook de fysieke distributie is nu grotendeels in eigen handen. In sommige landen, waar fysieke distributie moeilijker zelf te regelen is, wordt nog wel met een uitgever gewerkt (net als bij games voor consoles), maar die werkt dan slechts op *fee*-basis voor Larian Studios en deelt dus niet in de financiële risico's.

De royalty's die de gameontwikkelaar ontvangt in het systeem van zelffinanciering zijn door de uitsluiting van tussenschakels aanzienlijk hoger. Naast relatief hogere inkomsten per spel heeft digitale distributie nog een tweede belangrijk voordeel voor de ontwikkelaar. Het model levert voor de ontwikkelaar namelijk een continue cashflow op. Dat is in tegenstelling tot het klassieke uitgeversmodel, waarin inkomsten slechts periodiek binnenkomen op het moment dat de royalty's door de uitgever worden doorgegeven.

Conclusie

Een groot gedeelte van de kleine creatieve (micro-)onder-nemingen verkeert continu in overlevingsmodus. In fi-nancieel moeilijke tijden kan dergelijke kleinschaligheid van opereren uiteindelijk het einde betekenen. Het na-streven van en het organiseren voor ondernemersgroei kan een uitkomst zijn om deze tijden door te komen.

Er bestaan veel verschillende groeiopportuniteiten bin-nen de creatieve industrieën. Met name de opportuni-teiten die aansluiten bij enkele merkbare trends kunnen mogelijkheden bieden. We noemden al enkele trends (*mass customization*, meervoudige exploitatie, vertica-le integratie), maar daarnaast zijn er nog vele andere te identificeren. Denk maar aan de mogelijkheden van het combineren van businessmodellen, waarbij ingezet wordt op product/dienst/ervaring-combinaties (Van An-del & Vandenbempt, 2012), de opkomst van mogelijkhe-den gebruikmakend van de *longtail* (Anderson, 2006), en sociale (en/of demografische) trends. Het identifice-ren van trends die passen bij de huidige situatie van de ondernemer kan een goede startoefening zijn om een groeiproces in gang te zetten.

Belangrijk bij het nastreven van een dergelijke groeiam-bitie is dat de onderneming zich openstelt voor het ver-anderingsproces dat een dergelijke keuze met zich mee-brengt. Dat hoeft niet ten koste te gaan van het creatieve en artistieke proces van de onderneming. Integendeel zelfs, het kan net de mogelijkheid bieden om het creatieve en artistieke gedeelte ten volle uit te werken tot het niveau en de omvang die je als ondernemer voor ogen hebt, onder een stabiele werking die de overlevingsmodus ontstegen is.

Referenties

Anderson, C. (2006). *The Long Tail: Why the Future of Business is Selling Less of More*. New York: Hyperion.

Birch, D. (1981). Who creates jobs? *The Public Interest*, 65, 3-14.

Bughin, J. (2009). *Going digital: Essays in digital transformation*. Brussels: McKinsey & Company.

Caves, R.E. (2002). *Creative industries: Contracts between art and commerce*. Cambridge: Harvard University Press.

Chandy, R.K. & Tellis, G.J. (1998). Organizing for Radical Product Innovation: The Overlooked Role of Willingness to Cannibalize. *Journal of Marketing Research*, 35 (4), 474.

Dutton, J.E., Quinn, R.E. & Cameron, K. (Eds.). (2003). *Positive Organizational Scholarship: Foundations of a New Discipline* (1st ed.). San Francisco: Berrett-Koehler Publishers.

European Commission. (2010). *Unlocking the potential of cultural and creative industries. Green Paper*. Brussels: European Commission.

Guiette, A., Jacobs, S., Schramme, A. & Vandenbempt, K. (2011). *De Creatieve industrieën in Vlaanderen en hun drivers en drempels.* Leuven: Flanders DC – Antwerp Management School kenniscentrum.

Hearn, G., Roodhouse, S. & Blakey, J. (2007). From value chain to value creating ecology. *International Journal of Cultural Policy*, 13 (4), 419-436.

Hess, E.D. (2012). *Grow to Greatness: Smart Growth for Entrepreneurial Businesses.* Stanford: Stanford Business Books.

Hirsch, P.M. (2000). Cultural Industries Revisited. *Organization Science*, 11(3), 356-361.

HKU (Ed.). (2010). *The entrepreneurial dimension of the cultural and creative industries.* Utrecht: Hogeschool voor de Kunsten Utrecht.

Jeffcutt, P. & Pratt, A.C. (2002). Managing creativity in the cultural industries. *Creativity & Innovation Management*, 225-233.

Miles, I. & Green, L. (2008). *Hidden innovation in the creative industries.* London: NESTA.

Pine, B.J. (1992). *Mass Customization: The New Frontier in Business Competition* (1st ed.). Cambridge: Harvard Business Review Press.

Prahalad, C.K. & Krishnan, M.S. (2008). *The new age of innovation: Driving cocreated value through global networks* (1st ed.). New York: McGraw-Hill.

Sonne, P. (2011, November 3). Mink or Fox? The Trench Gets Complicated. *Wall Street Journal.*

Van Andel, W.J. & Vandenbempt, K. (2012). *Creative jumpers: Businessmodellen van groeiondernemingen in de creatieve industrieën.* Leuven: Acco.

Van den Born, J.A. (2013, February 1). *De creatieve sector als inspirator.* Tilburg: Tilburg University.

Warren, L. & Fuller, T. (2009). *Methodological issues arising from research into the emergence of enterprise in the creative industries.* Presented at the British Academy of Management Conference, Brighton.

3. Crowdfunding. Kweekvijver voor het nieuwe mecenaat?

Roy Cremers

Crowdfunding heeft zich in Nederland de afgelopen tweeënhalf jaar ontwikkeld tot een nieuwe financieringsvorm voor projecten. De cultuursector liep daarbij voorop in Nederland. Hoe heeft crowdfunding zich in Nederland kunnen ontwikkelen? Kun je er alles mee financieren? En is het een financieringsvorm die toekomst heeft? Op die vragen probeer ik in dit essay antwoorden te geven.

Het idee voor voordekunst.nl, de eerste Nederlandse crowdfundingwebsite voor kunstprojecten, is in het voorjaar van 2009 ontstaan uit het Amsterdams Fonds voor de Kunst (AFK). Het AFK is een publiek fonds dat subsidies verstrekt aan diverse kunstprojecten in Amsterdam. Het AFK verstrekt die subsidies aan de hand van een aantal criteria, waaronder artistieke kwaliteit, publieksbereik en het belang voor Amsterdam, maar heeft daarnaast ook een aantal prioriteiten. In 2009 waren dat onder meer samenwerking, het betrekken van nieuwe/jonge Amsterdammers en ondernemerschap.[1] Die laatste prioriteit heeft uiteindelijk geleid tot de ontwikkeling van voordekunst. Als publiek fonds doet het AFK aan tekortfinan-ciering. Hoe groter het tekort, des te groter kan de bij-drage van het AFK zijn. Wanneer het project financieel afgerond wordt, en er blijkt een begrotingsoverschot te zijn, dan wordt dat afgetrokken van de eerder toegeken-de subsidie. Op die manier wordt het ondernemerschap verre van gestimuleerd. Dat bood mij, toentertijd werk-zaam als stafmedewerker bij het AFK, de mogelijkheid te onderzoeken hoe het AFK het ondernemerschap dan wel kon stimuleren.

Daartoe heb ik allereerst met verschillende mensen ge-sproken: collega's, medewerkers van collegafondsen, zo-wel publiek als privaat, en natuurlijk ook kunstenaars en kunstinstellingen. Aan hen heb ik de vraag voorgelegd of het AFK naast subsidies ook leningen of microkredieten zou moeten verstrekken of bijvoorbeeld een investerings-fonds zou moeten oprichten met als doel het onderne-merschap te stimuleren. Op dat gebied bestonden echter al initiatieven of was in het verleden al eens een weinig succesvolle poging ondernomen.[2] Bovendien, door mid-del van het verstrekken van deze financiële instrumenten zou het AFK zich meer als financiële dienstverlener ont-wikkelen, iets wat verder af staat van de publieke taak die het fonds heeft.

Uit de gesprekken die ik voerde, kwamen echter twee an-dere belangrijke aspecten naar voren:
1. kunstenaars en kunstinstellingen hebben moeite met het genereren van inkomsten uit de markt;

2. kunstenaars en kunstinstellingen hebben moeite om zichzelf te presenteren, waardoor het draagvlak van kunst onder druk staat.

Voor veel kleine en middelgrote instellingen en organisaties is het lastig om eigen inkomsten te genereren. Het ontbreekt bij die organisaties vaak aan kennis en tijd om er zich in te verdiepen. Daarnaast is er geen al te grote urgentie omdat er redelijk wat fondsen en subsidies te verkrijgen zijn. Dat laatste heeft er ook toe geleid dat veel instellingen de band met het publiek zijn kwijtgeraakt. Belangrijkste stakeholder is de (lokale) overheid, want daar is de financiering te vinden. Je moet je als instelling daarom tot de overheid verhouden en minder tot het publiek. Hoewel er de laatste jaren vanuit de overheid, maar ook vanuit de verschillende fondsen, een groter belang gehecht wordt aan het publieksbereik, is het betrekken van publiek nog lang geen vanzelfsprekendheid.

Een gemiste kans, aangezien er in Nederland behoorlijk veel gegeven wordt aan allerhande charitatieve doelstellingen.[3] De kunstsector heeft daar de afgelopen jaren (te) weinig op ingezet. Een gemiste kans. Dit gegeven en de eerder genoemde problematiek brachten mij bij crowdfunding: projecten worden online op een website gepresenteerd en het publiek wordt actief opgeroepen bijdragen te doen. In de Verenigde Staten begon crowdfunding in 2009 aan een opmars. De presidentiële campagne van Barack Obama is voor een deel door crowdfunding gefinancierd en platforms zoals Indiegogo en Kickstarter zagen het levenslicht. Het Nederlandse Sellaband genereerde bekendheid met het financieren van albums.

Een dergelijk instrument zou in de Nederlandse cultuursector een oplossing kunnen bieden voor een aantal gesignaleerde 'problemen'. Door middel van crowdfunding worden de presentatietechnieken van kunstenaars en kunstinstellingen gestimuleerd, ze worden gemotiveerd om geld te vragen voor hun projecten en het publiek kan zijn betrokkenheid tonen door het leveren van bijdragen aan die projecten. Daardoor wordt het maatschappelijk draagvlak voor kunst zichtbaar gemaakt en verder gestimuleerd. Dat eurekamoment vond plaats in de zomer van 2009. Mijn directie was enthousiast over het plan, maar de financiering ervan moest nog gerealiseerd worden.

Medio 2009 introduceerde het Ministerie van Onderwijs, Cultuur en Wetenschappen de Regeling Innovatie Cultuuruitingen, een regeling die zich richtte op innovatieve projecten in de kunst- en cultuursector.[4] Binnen die regeling heb ik een aanvraag ingediend voor de ontwikkeling en implementatie van voordekunst.nl. Die aanvraag werd eind 2009 gehonoreerd. De realisatie kon van start gaan.

Gedurende het eerste halfjaar van 2010 zijn we begonnen met de technische ontwikkeling van voordekunst en in september 2010 heeft de *soft launch* plaatsgevonden. In tussentijd heeft er in Nederland een behoorlijke politieke verschuiving plaatsgevonden. Op 9 juni 2010 vonden er verkiezingen plaats, waarbij de VVD de grootste partij werd. Vrij snel werd duidelijk dat Nederland voor grote bezuinigingen kwam te staan, waarbij ook kunst en cultuur niet gespaard zouden worden. De uiteindelijke centrumrechtse samenstelling van het kabinet, met gedoogsteun van de rechts-populistische PVV, zou ervoor zorgen dat de budgetten voor kunst en cultuur meer dan ooit onder druk kwamen te staan en het draagvlak voor kunst op de proef werd gesteld.

Voordekunst.nl ging uiteindelijk op 4 november 2010 'live' met zes Amsterdamse projecten. Crowdfunding werd gezien als een alternatief voor de kortingen op cultuur, maar daarin lag direct een gevaar verscholen: crowdfunding moet niet worden gezien als alternatief voor subsidies en bestaande financieringsvormen, waardoor het een legitimering zou vormen voor bezuinigingen. Crowdfunding is een aanvulling op bestaande financieringsvormen. Crowdfunding is bovendien een ideale manier om publiek bij projecten in wording te betrekken en op die manier het draagvlak voor projecten te vergroten.

Crowdfunding in de praktijk

Inmiddels is er meer bekend over de mogelijkheden die crowdfunding kan bieden. Zo is het een ideale manier om projecten te financieren. Het gemiddelde doelbedrag

ligt op dit moment in Nederland, en voor voordekunst.
nl, rond 7000 euro. Het Van Abbemuseum in Eindho-
ven heeft echter de resterende 30.000 euro bijeen weten
te halen voor het behoud van een kunstwerk en pianiste
Daria van den Bercken wist 12.000 euro aan financiering
te realiseren.[5]

Bij crowdfunding draait het om de presentatie van het
project aan het publiek. Een filmpje is in dat geval essentieel. In zo'n filmpje vertel je als maker over jouw project
en waarom je een bijdrage nodig hebt. Je doet actief een
financieringsoproep aan je publiek. Daarnaast stel je een
korte, wervende tekst op en bedenk je een aantal tegenprestaties waarmee je het publiek over de streek probeert
te trekken. Dat kunnen vrijkaarten zijn voor je voorstelling, een speciale editie van je publicatie, of een privéop-
treden. Vind je het leuk om te koken en te vertellen over
je werk? Dan kun je je donateurs bij een bepaald bedrag
ook een etentje in het vooruitzicht stellen. De tegenprestaties worden pas ingelost wanneer de financiering van
het project slaagt. Zo maak je als maker geen onnodi-
ge kosten. De tegenprestaties moeten wel in verhouding
zijn tot de gevraagde bijdrage. Wanneer je 10 euro als
donatie krijgt, dan moet de tegenprestatie je niets kosten.
'Eeuwige dank' of 'naamvermelding op de website' zou
in die gevallen passend zijn. Op voordekunst wordt dat
overgelaten aan de projecthouders; bij hen willen we het
ondernemerschap stimuleren. We raden aankomende
projecthouders wel aan te kijken naar hoe anderen het
hebben aangepakt.

Er zijn bij voordekunst.nl drie scenario's:

1. je behaalt 100% (of meer) van het doelbedrag;
2. je behaalt 80 tot 99% van het doelbedrag;
3. je behaalt 79% of minder van het doelbedrag.

In scenario 1 krijgt de projecthouder de donaties uitbetaald en wordt van hem verwacht dat hij zijn tegenprestaties nakomt bij de donateurs. In het tweede scenario wordt door de projecthouder een aangepaste begroting opgesteld en die wordt naar alle donateurs gestuurd. Zij hebben nu vijf werkdagen de tijd om hun bijdrage te verhogen, in te trekken of te laten staan. In het derde scenario is de financiering via voordekunst niet geslaagd en krijgen alle donateurs de optie om hun bijdrage terug te ontvangen of een ander project te ondersteunen.

Iedereen kan een project indienen bij voordekunst.nl. Projecten worden beoordeeld op haalbaarheid. Er wordt gekeken naar de slaagkans. Aandacht gaat naar de motivatie van de projecthouder, het plan, de haalbaarheid van de begroting en de vraag of er nagedacht is over crowdfunding. Het is namelijk een heel andere vorm van financiering dan het aanvragen van een subsidie. Wanneer een project live komt te staan, dan begint het werven pas.

Voordekunst.nl bestaat inmiddels ruim twee jaar en is in Nederland het enige en meest succesvolle crowdfundingplatform voor kunstprojecten. Voordekunst werkt enkel met donaties, als donateur kun je geen financieel rendement behalen. Er heeft de afgelopen twee jaar een duidelijke ontwikkeling plaatsgevonden. Het jaar 2011 werd afgesloten met zeventig projecten die online hadden gestaan, waarvan er 45 succesvol gefinancierd raakten. Veertien projecten haalden het doelbedrag niet en elf projecten liepen op 31 december 2011 nog. Er werd 500.000 euro aan financiering bijeengehaald door ruim 3000 donateurs. Opvallend is dat er een groot aantal aanzienlijke donaties werd gedaan door fondsen en bedrijven. In 2012 stonden er 285 projecten live, waarvan er 176 de financiering realiseerden, 57 projecten niet. Van 52 projecten liep eind 2012 de financiering nog. Meer dan 11.500 donateurs droegen in dat jaar in totaal 1,1 miljoen euro bij. Het overgrote merendeel van de donateurs waren particuliere gevers. Het aantal aanmeldingen voor projecten neemt wekelijks toe en het aantal terugkerende donateurs groeit. Die stijging kan worden verklaard door de groeiende bekendheid van voordekunst en crowdfunding als financieringsinstrument, maar ook de bezuinigingen hebben zeker een rol gespeeld. De urgentie in de sector om te zoeken naar alternatieve vormen van financiering is aanwezig. Bij het publiek is inmiddels ook duidelijk dat de sector niet meer kan leunen op overheidsfinanciering.

De kansen voor crowdfunding in 2013 zijn veelbelovend. Maar is crowdfunding toekomstbestendig? Dat zal de tijd uitwijzen. Crowdfunding is eigenlijk niets nieuws, van oudsher worden kunstprojecten gefinancierd door particulieren. In Nederland heeft de overheid na de Tweede Wereldoorlog zichzelf de taak toegeëigend om te zorgen voor een bloeiend kunstklimaat. Hoewel dat ongetwijfeld met de beste intenties is gedaan, heeft het er wel toe geleid dat de band tussen de kunstsector en het brede publiek is vervaagd. Nu de overheid een terugtrekkende beweging maakt, worden de negatieve gevolgen van het gevoerde cultuurbeleid zichtbaar. In Nederland zal een inhaalslag moeten plaatsvinden om het publiek weer te betrekken bij het culturele erfgoed en de kunstinstellingen. Dat gebeurt niet vanzelf, het zal vanuit de sector ontwikkeld moeten worden. Er wordt namelijk pas gegeven wanneer er een legitieme vraag gesteld wordt. Crowdfunding helpt bij die mentaliteitsomslag. Crowdfunding is een sympathieke en laagdrempelige manier om het vragen te ontwikkelen en het geven te stimuleren. Je kunt projecten al mogelijk maken voor 10 euro. De donateurs die we met voordekunst bereiken, zijn relatief jong en geven in veel gevallen voor het eerst aan kunst.[6] Crowdfunding kan in dat perspectief gezien worden als kweekvijver voor het nieuwe mecenaat. Het gaat niet om enkele grote gevers, maar om veel kleine gevers die grote betrokkenheid hebben bij de projecten die zij ondersteunen. Is crowdfunding een hype? Wie weet. Feit is wel dat crowdfunding aan de wieg staat van een mentaliteitsverandering in de Nederlandse kunst- en cultuursector, een verandering die niet snel teruggedraaid zal worden.

De do's-and-don'ts van crowdfunding

- Hoe concreter een project gepresenteerd wordt, des te groter de kans van slagen. Crowdfunding betekent niet dat alleen populistische, 'gemakkelijke' kunst gefinancierd kan worden; de boodschap moet concreet zijn.
- Maak het persoonlijk. Mensen geven aan mensen. Als projecthouder moet je daarom zichtbaar zijn in het promotiefilmpje. Wanneer je met een instelling of organisatie wilt crowdfunden, geef het project dan een 'gezicht', een betrokken medewerker die zich aan het project committeert.
- Wees trots. Een positief verhaal stimuleert het geven.
- Communicatie is essentieel. Hou je donateurs op de hoogte door middel van updates, vertel een verhaal. Wanneer je boodschap enkel is: 'geef me geld', dan haken mensen af. Wanneer je donateurs inhoudelijk bij je project betrekt, zullen ze vaker geven en hun netwerk inzetten.
- Korter is beter. Een gemiddelde crowdfundingactie loopt twee maanden. Doe dat liever niet langer, tenzij het doelbedrag erg hoog is, maar streef ernaar om binnen een maand een groot deel van je financiering rond te hebben.
- Creëer urgentie. Als al duidelijk is dat je project toch wel doorgaat, haken mensen af. Zorg ervoor dat donateurs het gevoel hebben dat het nu of nooit is.
- Faseer je communicatie. Roep in eerste instantie vrienden en familie op om bij te dragen. Wanneer zij

CROWDFUNDING. KWEEKVIJER VOOR HET NIEUWE MECENAAT?

je van de 0% af hebben gehaald, rol je netwerk dan langzaamaan wat verder uit. Begin bij mensen die dicht bij je staan.

– Zorg ervoor dat je donateurs ambassadeurs worden door hen actief te betrekken bij de voortgang van je project. Niet vergeten: zorg ervoor dat je je donateurs ook na je crowdfundingactie informeert over je project en eventuele andere lopende projecten. Op die manier bouw je een duurzame band op met je donateurs.

Noten

1 De prioriteiten van het AFK waren in 2009 samenwerking, het betrekken van jonge en nieuwe Amsterdammers, volkscultuur en ondernemerschap.

2 Stichting Cultuur-Ondernemen biedt in samenwerking met Triodos Bank een cultuurlening aan, er zijn voor individuele kunstenaars ook mogelijkheden bij het Materiaalfonds. De Nederlandse Participatiemaatschappij Kunst en Cultuur ging na vijf jaar ter ziele. Zie ook http://www.nostraverus.com/article/786/kunst_en_particulier_initiatief_.html.

3 Zie ook: Geven in Nederland, http://www.fsw.vu.nl/nl/wetenschappelijke-afdelingen/filantropischestudies/onderzoek/geven-in-nederland/index.asp.

4 Zie: http://www.ib-groep.nl/zakelijk/VO/Maatwerk_muo/muo_innocult.asp.

5 Zie: http://www.voordekunst.nl/vdk/project/view/141-woodcircle-save-an-artwork en http://www.voordekunst.nl/vdk/project/ view/158-h-ndel-at-the-piano.

4. Adopt-a-Book: wie niet vraagt, niet wint

Erfgoedbibliotheken in Vlaanderen: onbekend en onbemind

Eva Wuyts

Ruim 170 grote en kleine erfgoedbibliotheken in Vlaanderen en Brussel bewaren ons intellectueel patrimonium, dat is opgeslagen in authentieke teksten, beelden en geluiden uit het verleden. Ze vormen een divers gezelschap van openbare en universiteitsbibliotheken, hogeschoolbibliotheken, documentatiecentra, museumbibliotheken, klooster- en abdijbibliotheken, bibliotheken van stadsarchieven en wetenschappelijke verenigingen enzovoort. Hun al even diverse bewaarcollecties refereren aan ons collectieve geheugen. Ze stellen burgers in staat om kennis te vergaren over hun eigen verleden en dat van anderen. Als makelaars in informatie leveren ze de bouwstenen voor de kenniseconomie en innovatie van de toekomst. Als ambassadeurs van Vlaamse kunst en cultuur dragen ze actief bij aan de vorming van de identiteit van de cultuurgemeenschap. Helaas is die gemeenschap zich daar niet altijd van bewust.

Ondanks hun vele troeven en rijke collecties werden erfgoedbibliotheken in Vlaanderen tot voor kort niet als een afzonderlijke sector erkend. Noch het Archiefdecreet van 2002 noch het Erfgoeddecreet van 2004 plaatste bewaarbibliotheken expliciet op de agenda. De eerste aanzet tot de ontwikkeling van een structureel beleid voor erfgoedcollecties in bibliotheken kwam er pas met het Cultureel-erfgoeddecreet van 2008. Dat zorgde voor de oprichting en de subsidiëring van een Vlaamse Erfgoedbibliotheek (als instrument ter ondersteuning van de zorg voor en de ontsluiting van cultureel erfgoed van erfgoedbibliotheken) en de toekenning van kwaliteitslabels voor een kwaliteitsvolle werking. Die erkenning is louter symbolisch, want in tegenstelling tot musea en culturele archiefinstellingen kunnen bibliotheken voorlopig geen individuele werkingssubsidie ontvangen voor hun erfgoedwerking. Nochtans zijn die middelen broodnodig, want voor verzamelingen die geteisterd worden door calamiteiten, slechte bewaaromstandigheden en autonoom verval zoals verzuring tikt een tijdbom.

Uit een onderzoek van de Universiteit Antwerpen in opdracht van de Vlaamse Erfgoedbibliotheek blijft duidelijk dat het beheren van collecties voor veel erfgoedbibliotheken nog 'dweilen met de kraan open' is. Daarbij werden 25 instellingen gevraagd te kijken naar hun noden en behoeften op het gebied van preservering en conservering, bibliografische ontsluiting en digitalisering. Het eindrapport van dat onderzoek (Capiau, e.a., 2012) is gepubliceerd als derde nummer in de reeks *Armarium*.

Publicaties voor erfgoedbibliotheken. Het werk kreeg de veelzeggende titel *De wet van de remmende achterstand.* Die verwijst naar het fenomeen dat zich vandaag bij vele Vlaamse erfgoedbibliotheken voordoet: ze slagen er niet in om op de boot van goede praktijken en nieuwe ontwikkelingen te springen, blijven verweesd aan wal en zien de boot wegvaren tot hij aan de einder verdwijnt.

Een greep uit de vaststellingen bewijst dat die titel niet overdreven is. Zo moeten de meeste respondenten toegeven dat hun gebouwen en magazijnen niet zijn aangepast aan de hedendaagse normen voor bewaring en preservering. Er is een groot probleem van beveiliging tegen diefstal, brand en waterschade: meer dan twee derde van de instellingen beoordeelt de huidige voorzieningen als onvoldoende. De helft van de bibliotheken heeft te kampen met plaatsgebrek en amper vier van de 25 instellingen hebben één of meer voltijdse equivalenten in huis om uitvoerende taken van preservering en conservering op zich te nemen. De bibliografische ontsluiting van de collecties wordt dan weer geplaagd door een reusachtige achterstand, die maar niet ingehaald lijkt te kunnen worden, en op het vlak van digitalisering nemen erfgoedbibliotheken een overwegend afwachtende houding aan. Kortom: de erfgoedwerking rond bewaarbibliotheken bevindt zich nog te vaak in de marge, zowel van de erfgoedsector als van de instellingen waartoe ze behoren.

Van Maecenas tot Jan, Pier en Pol

De noden in Vlaamse erfgoedbibliotheken zijn hoog en de huidige middelen te beperkt om eraan te voldoen. In deze tijden van economische crisis en budgettaire krapte is er dan ook de (interne) vraag en de (externe) verwachting om alternatieve financiering te zoeken. Dat gaat hand in hand met het feit dat deze jonge sector nog op zoek is naar een breder maatschappelijk draagvlak voor zijn cultureel-erfgoedwerking. Want de 'marginale' status van erfgoedbibliotheken is niet alleen te wijten aan soms 'ondermaatse' financiering, maar ook aan hun relatieve onzichtbaarheid. Onderzoekers en studenten vinden nog hun weg, maar Jan met de pet wandelt zelden een erfgoedbibliotheek binnen. Jammer genoeg maakt onbekend ook onbemind. Zowel bij het beleid en het publiek als bij de sector zelf is er dringend een groter bewustzijn nodig. Om die reden probeert de Vlaamse Erfgoedbibliotheek al enkele jaren bewaarbibliotheken breder bekend te maken. In 2013 willen we dat doen via een communicatie- en fondsenwervingscampagne. Daartoe hebben we samen met verschillende partners een voorstel ingediend bij de Vlaamse overheid voor de ontwikkeling van een project met de werktitel *Adopt-a-Book*. Daarmee kunnen erfgoedbibliotheken extra middelen werven om de toekomst van hun collecties te verzekeren. Vlaams minister Schauvliege noemde het project interessant en innoverend voor Vlaanderen en kende een subsidie toe van 79.000 euro (Schauvliege, 2009).

Adopt-a-Book is in de Angelsaksische wereld en bij grote buitenlandse bibliotheken een beproefde fondsenwervingstechniek. Het zijn vaak duurzame campagnes die ervoor zorgen dat er via een symbolische adoptie van boeken uit de collectie bij het brede publiek en in de bedrijfswereld middelen ingezameld worden voor de restauratie van een topstuk of de conservering van een selectie werken. Al naargelang de instelling of het geschonken bedrag worden diverse returns gegeven zoals naamvermeldingen of exclusieve lidmaatschappen. Pionier van de Adopt-a-Book-programma's is de British Library, die het initiatief in 1987 opstartte. De Britse nationale bibliotheek ontving ondertussen ruim 700.000 pond aan donaties, wat een reële impact heeft op het budget van haar restauratieatelier.

Meerdere bibliotheken in binnen- en buitenland zijn inmiddels het Britse voorbeeld gevolgd. In 2011 nog lanceerde Museum Meermanno, het oudste boekenmuseum ter wereld, de campagne 'Boek zoekt vrouw, man en bedrijf'. Wegens de bezuinigingen in de Nederlandse cultuursector kon Meermanno een sluiting enkel afwenden als het erin zou slagen om een fors bedrag aan eigen inkomsten te verwerven. Die alles-of-nietsactie, waarin door de directie en staf zeer veel tijd en middelen werden geïnvesteerd, was een succes. Niet alleen harkte het museum tienduizenden euro's binnen, het zag ook door de media-aandacht zijn bezoekerscijfers binnen drie jaar meer dan verdubbelen.

In het projectvoorstel dat bij minister Schauvliege is ingediend, stellen we niet alleen voor om het concept van Adopt-a-Book naar Vlaanderen te halen, we willen het ook enten op een nog op te richten (online) crowdfundingsplatform dat potentiële schenkers in contact brengt met de 'goede doelen' van verschillende erfgoedbibliotheken. Dat zijn telkens duidelijk definieerbare projecten zoals de restauratie van een historische kaart, de aankoop van een klimaatregelingssysteem of de herverpakking in zuurvrije dozen van een collectie negentiende-eeuws kranten. Elk doel wordt in woord en beeld op het platform toegelicht, voorzien van een richtbudget, timing en een eigen betaalmogelijkheid. Zodra het project online gaat, zullen geïnteresseerden er kunnen volgen hoeveel van het benodigde bedrag al is ingezameld en welke concrete resultaten er werden geboekt, na afronding van de fondsenwerving.

Crowdfunding (of in het Nederlands 'volksinvestering') ontstond rond 2004 in de Verenigde Staten. Daar slagen platformen zoals Kickstarter erin om miljoenen dollars op te halen voor diverse artiesten. Enkele jaren geleden is die alternatieve financieringsvorm overgewaaid naar West-Europa. Een mooi voorbeeld bij onze noorderburen is de website www.voordekunst.nl, die sinds 2010 aan kunstenaars een platform biedt om eigen projecten te realiseren. De bijdrage van Roy Cremers in dit boek ging hier al uitgebreid op in. Andere Nederlandse platformen zoals www.cinecrowd.nl (film) en www.tenpages.com (auteurs, boeken) richten zich op specifieke segmenten van de cultuursector.

Zo'n volksinvestering kan op verschillende manieren gebeuren. De meest eenvoudige wijze – die ook wij in ons project zouden toepassen – is de gift, wat impliceert dat de donateur hoogstens een symbolische return krijgt, bijvoorbeeld in de vorm van een certificaat. Bij de tweede vorm, sponsoring, ontvangt de schenker een niet-financiële beloning zoals een naamvermelding. Bij complexere vormen kan het volk ook gevraagd worden om tegen vergoeding geld te lenen of via aandelen effectief te gaan investeren in een project zodat ze – wanneer het succesvol is – ook mee delen in de winst.

Het unieke aan crowdfunding is dat het een oproep doet aan de brede gemeenschap om te investeren in een bepaald doel of project waarbij men zich betrokken voelt. De beoogde doelgroep is dan ook veel ruimer dan de bemiddelde *captain of industry*, de lokale middenstand of de leden van een serviceclub. Veeleer dan te mikken op enkele kapitaalkrachtige schenkers probeer je met crowdfundig een groot aantal personen te overtuigen om kleinere bedragen te investeren. Het stijgend gebruik van sociale netwerken zoals Facebook, Twitter en LinkedIn speelt daarbij een belangrijke rol: om voldoende financiers te bereiken moet de oproep verder worden verspreid dan de groep waar je al nauw contact mee hebt, zoals familie en vrienden. Zo krijgt het eeuwenoude mecenaat een heel nieuwe invulling.

Mecenaat is afgeleid van Gaius C. Maecenas, een beroemde Romeinse staatsman die leefde tijdens de eerste eeuw voor Christus en diende onder keizer Augustus. Al in de oudheid kreeg zijn naam de betekenis van 'beschermer en sponsor van de kunst'. Hij deelde immers zijn villa en vermogen met dichters zoals Vergilius en Horatius, die hij inspireerde tot het propageren van Augustus' cultuurpolitiek. Zij waren niet de enigen die het spreekwoord 'wiens brood men eet, wiens woord men spreekt' in daden omzetten. Ook na Maecenas stonden nieuwe beschermheren op die kunstenaars onder hun financiële hoede namen. Vorsten en aristocraten zoals de Franse koning Lodewijk XIV of de Medici's deden dat met het oog op persoonlijke glorie, ter herinnering voor het nageslacht, of uit persoonlijke belangstelling en toewijding. Het aureool dat de kunstenaars omgaf, straalde ook af op hun beschermers. Begin negentiende eeuw werd hun rol stilaan overgenomen door de gegoede burgerij die onder meer vriendenverenigingen oprichtte om museumcollecties te verwerven.

Met het eenentwintigste-eeuwse crowdfunding krijgt het mecenaat pas echt een democratische betekenis. Fortuin en afkomst zijn niet langer een noodzakelijke voorwaarde om aan filantropie te doen. Ook Jan, Pier en Pol zijn potentiële schenkers geworden. Bovendien beperkt deze vorm van fondsenwerving zich niet tot het ophalen van geld, ze impliceert ook dat de projecthouders een dialoog aangaan met hun investeerders om het vooropgestelde doel te bereiken. Het is net die mogelijkheid tot interactie en participatie die voor de Vlaamse Erfgoedbibliotheek een belangrijke meerwaarde vormt om dit Adopt-a-Bookproject op te starten. Uiteraard willen we financiële middelen inzamelen voor het behoud en beheer van bewaarcollecties in Vlaamse bibliotheken. Maar Adopt-a-Book is evengoed een middel om ook Jan met de pet – die nooit eerder een erfgoedbibliotheek heeft bezocht – bewust te maken van de rijkdom en de fragiliteit van de collecties die er worden bewaard. Het gaat met andere woorden niet louter om de cheque, maar ook om de stem achter de cheque.

Last but not least is ons initiatief een experiment waarmee we proefondervindelijk willen vaststellen of crowdfunding in Vlaanderen een kans op slagen heeft als alternatieve financieringsvorm voor de cultureel-erfgoedsector. Hiermee komen we tegemoet aan de oproep die enkele parlementsleden in 2012 lanceerden aan de minister om bij wijze van een 'proeftuinproject' een '[...] *overkoepelend crowdfundingplatform voor de kunst- en cultuursector in Vlaanderen op te richten. Na enige tijd dient dit project te worden geëvalueerd en kan er worden gekeken of crowdfunding al dan niet werkt voor de Vlaamse kunst- en cultuursector*' (Idrissi, e.a., 2012). Die uitdaging is niet gering: SonicAngel van Maurice Engelen is voor Vlaanderen voorlopig het bekendste crowdfundinginitiatief, maar als we de recente berichtgeving mogen geloven, is dat allesbehalve een succesverhaal. Daarom begint ons project met een verkenning (met behulp van onder meer onlinedeskresearch en interviews van experts) van buitenlandse best practices die we kunnen vertalen naar de Vlaamse context.

Dat we ons daarbij vooral laten inspireren door succes-verhalen en technieken uit de Angelsaksische wereld is geen toeval. Het is in die landen dat eind achttiende eeuw het liberalisme, dat vrijheid hoog in het vaandel droeg, als eerste voet aan de grond zette, met een hele liefdadigheidscultuur tot gevolg. Het klassiek-liberalis-me staat immers voor minimale overheidsbemoeienis, wat ook betekende dat culturele instellingen een hoge-re zelfredzaamheid aan de dag moesten leggen. Iedere Amerikaanse non-profitorganisatie is dan ook 'gepokt en gemazeld' in het werven van fondsen: universiteiten, ziekenhuizen, culturele instellingen, politieke partijen enzovoort. Dankzij liefdadigheid slagen zij erin om rela-tief onafhankelijk te blijven van politieke willekeur en de gezondheid van de overheidsfinanciën. Daartegenover staan de verzorgingsstaten van West-Europa, waar de overheid een meer regulerende rol opneemt. Die kennen een uitgebreid stelsel van uitkeringen, gemeenschapson-derwijs, publieke gezondheidszorg en ook een gesubsidi-eerde cultuursector. De vele cultuur- en gemeenschaps-centra in Vlaanderen zijn er een treffend voorbeeld van.

In de vette jaren waren socio-culturele instellingen maar al te blij met de zekerheid van overheidssubsidies, en zijn ze die ook als een vanzelfsprekendheid gaan zien. Maar nu er magere jaren zijn aangebroken, is het vech-ten om elke kruimel. In de beleidsnota Cultuur 2009-2014 merkt minister Schauvliege terecht op dat *organi-saties die voor meerdere jaren gesubsidieerd niet echt gesti-muleerd worden om actief zelf op zoek te gaan naar eigen in-*

komsten. *De afhankelijkheid van de subsidiërende overheid is zeer groot. Daardoor komen deze organisaties vaak in nauwe schoentjes als de ondersteuning wordt verminderd of wegvalt.'* Door alternatieve pistes voor financiering van de kunst- en cultuursector te ontwikkelen probeert ze '*deze organisaties weerbaarder te maken en tegelijk het maatschappelijk draagvlak van cultuur en de verwevenheid van de cultuurproducenten met andere domeinen te vergroten [...]*' (Schauvliege, 2009). Hoewel de organisaties waarover zij spreekt in 2010 en 2011 allemaal kennis hebben gemaakt met de zogenaamde kaasschaaf aarzelen nog velen om de geefvraag te stellen.

Al doende leert men

Die afwachtende houding is ook erfgoedbibliotheken niet vreemd, al bevestigt de uitzondering de regel. De Erfgoedbibliotheek Hendrik Conscience (die tot 2008 de Stadsbibliotheek van Antwerpen werd genoemd) heeft bijvoorbeeld een lange traditie in mecenaat en fondsenwerving. Al in 1905 werd een Bestendig Dotatiefonds voor de Stadsbibliotheek en het Museum Plantin-Moretus opgericht. Daarnaast heeft de bibliotheek ervaring met het aantrekken van sponsorgelden uit de bedrijfswereld voor de restauratie, in samenwerking met het Fonds Courtin-Bouché van de Koning Boudewijnstichting, van de hemel- en aardglobes van Willem Jansz. Blaeu. Niettemin loopt bij de Erfgoedbibliotheek Conscience al enkele jaren een traject om de werking van dat fonds te optimaliseren. Een ander voorbeeld is dat van de Universiteitsbibliotheek van Leuven. Die heeft sinds 2009 een Bibliotheekfonds dat deel uitmaakt van het Leuvens Universiteitsfonds. De schenkingen die volgens vier verschillende lidmaatschapformules worden verzameld, worden integraal aangewend voor uitzonderlijke aankopen en voor bijzondere projecten.

Op de bovengenoemde koplopers na blijven de meeste andere erfgoedbibliotheken langs de zijlijn staan (Capiau, e.a., 2012). De drempel om op eigen initiatief een mecenaatswerking uit te bouwen blijkt te hoog. Naar de redenen kunnen we voorlopig alleen maar gissen. Beschikken de veelal kleine, onderbemande erfgoedbibliotheken niet over de nodige mensen en middelen om een duurzame fondsenwervingsstrategie uit te stippelen? Misschien vrezen sommigen al dan niet terecht dat bijkomende financiering door besturen en overheden zou kunnen worden aangegrepen om te beknibbelen op de werkingsmiddelen? Anderen zullen wellicht stellen dat het zinloos is omdat ook de sponsor in tijden van crisis de knip op zijn portemonnee houdt, al bestaan er cijfers die dat tegenspreken. En dan is er nog die ongeschreven regel die zegt dat je dit maar één keer kan doen, en het dus meteen goed moet gebeuren. Ondanks al die mogelijke contra-argumenten vonden we verschillende erfgoedbibliotheken toch bereid om samen met ons deze uitdaging aan te gaan.

Vanuit de Vlaamse Erfgoedbibliotheek zullen we proberen hen zoveel mogelijk te begeleiden, bijvoorbeeld via een praktische vorming, het aanbieden van een inspiratiegids met praktijkvoorbeelden en tips, en het opzetten van een permanente startpagina 'Fondsenwerving' op de website van de Vlaamse Erfgoedbibliotheek. Verder zorgen we uiteraard voor een functionerend fondsenwervingsplaform op landelijk niveau dat zich in eerste instantie richt op de erfgoedbibliotheeksector, maar dat eventueel kan worden verbreed naar de culturele sector. Dat crowdfundingplatform, dat filantropen laat kennismaken met een waaier van goede doelen in erfgoedbibliotheken, maakt onlinebetalingen mogelijk en levert door onze samenwerking met de Koning Boudewijnstichting, fiscale attesten af voor schenkingen vanaf 40 euro. Dankzij dat gemeenschappelijke portaal worden niet alleen de kosten gedeeld, het maakt ook mogelijk dat de sector duidelijker en verenigd naar buiten kan treden. Dat verhaal zal worden onderstreept door een collectieve communicatiecampagne die het platform lanceert en het concept crowdfunding en erfgoedbibliotheken breder bekendmaakt bij het publiek. Daartoe ontwikkelen we een speciaal communicatieplan met onder meer een (nieuwe?) projectnaam en *baseline*, net als de nodige sjablonen en kaders waarmee de erfgoedbibliotheken zelf aan de slag kunnen gaan. Deelnemende erfgoedbibliotheken zullen daarbij worden uitgedaagd om hun publiek op een nieuwe manier te benaderen en activiteiten te organiseren die de fondsenwerving moeten ondersteunen.

De deadline voor het project en dus voor de lancering van dit crowdfundingplatform is 1 april 2014, maar nu al weten we dat we de echte vruchten pas over enkele jaren zullen plukken. Want de investeringen die de sector zal moeten doen om dit initiatief te laten slagen zijn groot. Dan hebben we het niet zozeer over de structurele kosten van het platform of de weerkerende publieks- en communicatiecampagnes, maar over de mentaliteitswijziging die moet optreden. Ten eerste moet de sector afstappen van de idee dat de appreciatie van een beperkte groep gebruikers volstaat als maatschappelijk draagvlak. Ten tweede moet zij accepteren dat fondsenwerving geen nevenproject is, maar een permanente activiteit die integraal deel moet uitmaken van de organisatie. Ten derde moet zij op een andere manier gaan communiceren met de bredere (cultureel-erfgoed)gemeenschap. Fondsenwerving is maar succesvol als er een goed verhaal is (of *case statement* in het vakjargon) dat je op de juiste manier aan de juiste doelgroep kunt slijten. Daarom moeten erfgoedbibliotheken zich leren te verkopen zonder het gevoel te hebben dat ze daardoor hun ziel aan de duivel schenken.

Voor (informatie)professionals wier dagelijkse drive, is authentieke bronnen zo goed mogelijk te ontsluiten en te vrijwaren voor schade allerhande, is de zogenaamde *vermarkting* van erfgoed geen vanzelfsprekenheid. Typerend daarvoor was een brainstormsessie die we eind 2011 met enkele mensen uit de erfgoed- en bibliotheeksector organiseerden ter voorbereiding van ons Adopt-a-Bookproject. Op de vraag van een marketingconsulent naar de unieke troeven die zij in huis hadden, antwoordden ze geheel correct dat ze oude boeken, historische kranten, schitterende manuscripten, zeldzame drukken enzovoort bewaren. Groot was de verbazing – en soms ook de weerstand – toen de consulent hen liet ontdekken dat zij in een campagne beter zouden focussen op emoties en concepten zoals identiteit, verwondering, geheugen en inspiratie – facetten die met deze collecties verbonden zijn. Logisch dus dat ethiek een belangrijk aandachtspunt zal zijn in dit traject.

Een mentaliteitsverandering is slechts een van de kritische succesfactoren. Er zijn nog randvoorwaarden waarvan we ons afvragen of die in voldoende mate zullen vervuld zijn bij de lancering van ons crowdfundingplatform. Wat die randvoorwaarden zijn en hoe we bewaarbibliotheken kunnen helpen eventuele horden te overwinnen, vormt het onderwerp van een onderzoek dat Frieda Wijns naar aanleiding van haar studie Cultuurmanagement zal voeren. Zo stelt zij samen met ons de vraag of onze erfgoedbibliotheken voldoende uitgerust zijn om fondsen te gaan werven. Hebben ze genoeg mensen met de juiste competenties in huis? Mogen we bijvoorbeeld van onze bibliothecarissen verwachten dat zij ook een aardig 'mondje marketing' spreken, of moeten zij zich laten ondersteunen door derden? Want wie een cursus fondsenwerving volgt, wordt om de oren geslagen met begrippen zoals merkpositionering, *contentstrategie*, loyaliteitsmodellen en telemarketing. Anderzijds leren diezelfde cursussen dat het geheim van een goede fond-senwerving goede klantenrelaties en netwerken zijn. Je moet mensen weten te raken met jouw verhaal, en die boodschap komt het best uit de mond van een betrok-ken medewerker of bestuurder. Maar wie spreek je aan? Directmailing en sociale media zijn bepalend in de cam-pagne, maar welke bibliotheek beschikt al over inzetbare databanken, gedetailleerde doelgroepenanalyses en een populaire Facebookaccount? Hebben we al voldoende kennis over onze potentiële donateurs en hoe groot is die vijver van filantropen?

Dat brengt ons bij de vraag of we wel het juiste type fond-senwerving hebben gekozen. Was de keuze om niet bij bedrijven te gaan werven maar bij 'het volk' strategisch wel de juiste? Crowdfunding is een succes in de creatieve en 'commerciële' culturele sector waar de vrijemarktidee speelt. Vooral start-ups – of het nu beginnende muziek-bands betreft of innovatieve producten – weten grote groepen fans te charmeren. Wij willen die methodiek nu toepassen op de gesubsidieerde sector, voor structurele taken die tot hun kernopdracht behoren en waarvan Jan met de pet misschien vindt dat de overheid die maar moet betalen. Zal het volk even warm lopen voor de restauratie van een boek dat door verzuring uit elkaar dreigt te val-len? En kan dat 'behoeftige' boek qua aandacht en geef-bereidheid de concurrentie aan met de veeleer humane goede doelen voor dieren en mensen in nood? Dat we op de sympathie zullen kunnen rekenen van de incrowd van bibliofielen, boekantiquairs, restaurateurs-conservatoren en onderzoekers is vrij zeker, maar slagen we erin om ook die andere doelstelling te bereiken: het verbreden van het maatschappelijk en financieel draagvlak? En lukt dat alleen met sympathiek erfgoed zoals kinderboeken en lokale kranten?

De Vlaamse Erfgoedbibliotheek gaat niet over één nacht ijs in dit project. Er is de voorbije twee jaar al flink nagedacht over Adopt-a-Book. Voors en tegens zijn zorgvuldig afgewogen en uiteindelijk hebben wij, en enkele dappere erfgoedbibliotheken met ons, beslist om de sprong te wagen. Want wie niet waagt (of in ons geval: vráágt), niet wint! De praktijk zal een antwoord geven op onze vragen. De tijd zal uitwijzen of onze keuze de juiste was.

Referenties

Capiau, S., Delsaerdt, P., Coppoolse, D. & Watteeuw, L. (2012). *De wet van de remmende achterstand. Preservering, conservering, ontsluiting en digitalisering in Vlaamse erfgoedbibliotheken.* Antwerpen: Vlaamse erfgoedbibliotheek. (*Armarium. Publicaties voor erfgoedbibliotheken*, 3).

Idrissi, Y., De Coene, Ph., Dehandschutter, L., Delva, P., Verstreken, J. & Godderis-T'Jonck, D. (2012). *Conceptnota voor nieuwe regelgeving over crowdfunding, de volksinvestering voor meer kunst en cultuur.*

Schauvliege, J. (2009). *Beleidsbrief Cultuur. Beleidsprioriteiten 2011-2012.* Operationele doelstelling 13.

5. Een cultuurhuis is een bedrijf: over de spanning tussen cultuur en ondernemen

Dirk De Clippeleir

Culturele versus commerciële onderneming

Toen ik als directeur begon bij de Ancienne Belgique werd mij door de raad van bestuur en door de medewerkers op het hart gedrukt 'dat de AB geen bedrijf is zoals een ander'. Tijdens de eerste weken in mijn nieuwe job had ik met alle werknemers een individuele babbel. Ik hoorde heel wat bezorgdheid over het feit dat iemand uit de 'commerciële sector' recepten zou gaan toepassen die in de 'culturele sector' niet zouden werken.

Waar was men dan precies bang voor? Wat zijn dan de grote verschillen tussen de commerciële sector en de culturele sector? En hoe uit zich dat in de dagelijkse werking? Dat waren de vragen die mij toen – en nu nog steeds – bezighielden.

Zelf had ik na een paar maanden werken bij de AB een geheel andere ervaring: het team van de AB werkt op zijn minst even efficiënt, professioneel en gedreven als om het even welk commercieel bedrijf. De marketingdirecteur van de AB is een gedreven *professional* die niet moet onderdoen voor de marketingdirecteuren die ik ken van toen ik nog bij *De Standaard* of Universal Music werkte. Hetzelfde geldt voor alle andere medewerkers in die culturele onderneming.

De roep van de culturele wereld om zich te onderscheiden van de commerciële wereld is uiteraard niet beperkt tot de AB. Overal krijg ik te horen dat deze of gene cultuurtempel anders is dan een bedrijf en dus niet met dezelfde criteria of KPI's (*key performance indicators*) gemeten mag worden. De gedachte aan een KPI doet velen in onze sector gruwelen.

Gaat het om meer dan een semantische discussie? Waar komt die grote nood vandaan om het 'anders-zijn' van culturele instellingen te benadrukken?

Elke onderneming, cultureel of niet, heeft als voornaamste opdracht om met een zo efficiënt mogelijke inzet van de middelen de beoogde doelstelling te bereiken.

Iets wat vele culturele ondernemingen onderscheidt van andere is dat ze een deel van hun middelen ter beschikking krijgen van een overheid, in de vorm van subsidies. En dat is een reden te meer om het efficiënt gebruik ervan na te streven. Overigens is het een foute gedachte dat alleen gesubsidieerde instellingen werken met geld van de overheid. Ik ken weinig commerciële bedrijven die niet op een of andere manier genieten van steunmaatregelen van de overheid. Omgekeerd zijn er ook heel wat culturele instellingen die groeien en bloeien zonder subsidies van de overheid: Studio 100 of uitgeverij Ludion, om er maar twee te noemen.

Waar er wel degelijk een verschil bestaat, is in de doelstelling. Een commercieel bedrijf heeft als voornaamste doel het maximaliseren van de investeringen van de aandeelhouders, korter gezegd: winst maken. Een culturele instelling heeft als hoofddoelstelling het culturele landschap te verrijken met boeiende, uitdagende kunst. De meeste gesubsidieerde huizen zijn vzw's, winst maken is dan ook geen bekommernis. Dat mag echter nooit een excuus zijn om niet zo efficiënt mogelijk om te gaan met de beschikbare middelen. Dat geldt vandaag nog meer omdat één bron van middelen, met name subsidies, minder rijkelijk vloeit dan in het recente verleden.

Een culturele instelling zal ondernemend zijn of ze zal niet zijn

Zowel de Vlaamse als de lokale overheid heeft nu en in de nabije toekomst minder middelen om de gesubsidieerde culturele sector te ondersteunen. Culturele ondernemingen kunnen daar op twee manieren op reageren: werken met minder middelen en dus minder 'aan cultuur doen' of op zoek gaan naar alternatieve inkomstenbronnen. Ofwel: ondernemend zijn.

Kort na mijn aankomst in de AB ging ik dat debat aan met onze raad van bestuur. Bij het nadenken over de toekomst van de AB benadrukte ik de noodzaak om te groeien om te kunnen blijven doen waar we excellent in zijn: geweldige concerten organiseren en jong talent een kans geven om zich te tonen aan een groter publiek. Tot mijn verbazing riep dat woord 'groeien' heel wat bedenkingen en zelfs aversie op. Moet een culturele instelling meestappen in de *ratrace* van steeds groter worden of moeten we tevreden zijn met wat we hebben en dat vooral proberen te behouden?

Een bezinning over de inhoud en de betekenis van 'groei' binnen de cultuursector drong zich op. Vooraleer we daarop verder ingaan een paar woorden over het businessmodel (nog zo'n 'verfoeide' term uit de commerciële wereld) van de AB. Vele culturele vzw's beantwoorden in meerdere of mindere mate aan dat model.

Het businessmodel van de AB

Het inkomstenmodel van de AB berust op vijf pijlers. In volgorde van belangrijkheid zijn dat:

- ticketverkoop voor de concerten die de AB zelf organiseert (75% van de concerten die in de AB plaatsvinden, organiseren we zelf);
- inkomsten uit de verhuur van onze zalen;
- subsidies van de overheid, in ons geval voornamelijk de Vlaamse Gemeenschap;

EEN CULTUURHUIS IS EEN BEDRIJF

- inkomsten van horeca (drankverkoop tijdens de concerten en het AB-restaurant);
- sponsoring.

Vanuit de economische wetmatigheid dat de kosten van een onderneming steeds stijgen, moeten we even ingaan op mogelijkheden om de omzet en dus winst mee te laten stijgen. Ook in een culturele onderneming gaan de kosten de hoogte in. Cultuurhuizen behoren tot het domein van de kenniseconomie: medewerkers zijn de belangrijkste grondstof en 'kostenpost'. De kosten voor die andere 'grondstof', de artiesten, zijn de laatste jaren zelfs exponentieel toegenomen. Het soort artiesten dat wij boeken (gemeenzaam pop- en rockartiesten genoemd), kon vroeger leven van zijn platenverkoop en ging op toer om zijn nieuwe plaat te promoten. Door de ineenstorting van de muziekmarkt werd dat model omgekeerd: een artiest brengt een plaat uit om media-aandacht te genereren en de ticketverkoop voor de concerten te doen stijgen. Vandaag zijn concerten de belangrijkste inkomstenbron voor zowat elke artiest. De vraagprijs van artiesten is de voorbije 10 jaar dan ook fors de hoogte ingegaan.

Ticketverkoop staat in voor 40% van onze inkomsten. De omzet uit ticketverkoop wordt bepaald door drie parameters: aantal concerten, bezettingsgraad (ofwel: succes van de concerten) en tot slot de ticketprijs. Die ticketprijzen zijn de laatste jaren weliswaar gestegen, maar binnen de AB proberen we ze bewust zo laag mogelijk te houden. We mikken op een jong en dus prijsgevoelig publiek en we hebben bovendien van de overheid de opdracht om toegankelijk te zijn voor iedereen. Met de bezettingsgraad zit het snor: in onze grote zaal met een capaciteit van 2000 bezoekers overstijgt die de 80%. Dat is erg goed, aangezien de AB programmeert 'op het scherp van de snee'. Blijft het aantal concerten: ook daar is een grote groei niet meteen denkbaar omdat de vraag naar onze grote zaal al te groot is, zowel voor de organisatie van eigen concerten als voor zaalhuur. Voor elk concert dat we organiseren, moeten we er twee weigeren. Om kort te zijn: binnen de huidige infrastructuur van de AB is omzetverhoging uit meer ticketverkoop geen realistische optie.

De inkomsten uit **zaalverhuur** zijn een direct gevolg van het aantal avonden dat we de grote zaal kunnen verhuren. Vandaag zitten we zowat op onze maximale capaciteit.

Subsidies staan in voor ongeveer 20% van onze inkomsten. We krijgen die subsidies niet zomaar: we hebben een beheersovereenkomst met de Vlaamse overheid waarin nauwkeurig wordt uiteengezet wat we voor die subsidies moeten doen. Dat is onder meer in het hartje van Brussel een podium bieden aan jong en opkomend (Vlaams) talent. Daarnaast moeten we ook laagdrempelig te werk gaan en een aantal educatieve activiteiten opzetten. En we worden ook nog geacht om onze activiteit uit te oefenen met een zo beperkt mogelijke impact op de leefomgeving. Allemaal zaken waar een commerciële concertorganisator geen rekening mee moet houden. Subsidies zijn dus inkomstenverhogend én kostenverhogend.

Over de groeimogelijkheden van subsidies kunnen we kort zijn: de Vlaamse overheid heeft momenteel niet de middelen om subsidies voor cultuur te laten stijgen. En dat zal de komende drie tot vier jaar wellicht niet anders zijn. In deze context wil ik niet ingaan over de zin of onzin daarvan. Het is gewoon een gegeven waar we als gesubsidieerde culturele instelling mee moeten leren leven.

Ieder cultuurhuis droomt van een goed draaiend café of restaurant dat mee de werking ondersteunt. In de praktijk zijn er erg weinig voorbeelden waar dat ook het geval is, met als belangrijke uitzondering het prachtige café van De Vooruit in Gent. In de AB zijn de inkomsten uit **horeca** direct gelinkt aan het aantal bezoekers. Om de bovengenoemde redenen stijgt dat aantal niet veel meer. Bovendien daalt het gemiddelde verbruik per bezoeker. Dat is enerzijds het gevolg van een stijgend bewustzijn over alcohol (drinken en rijden). Anderzijds zijn vooral jonge mensen meer geneigd om hun drank voor en na concerten te halen in goedkopere nachtwinkels.

De AB heeft dankzij zijn 300.000 jaarlijkse bezoekers en zijn sterk merk (nog een term uit de commerciële wereld) een grote aantrekkingskracht bij potentiële **sponsors**. Wij hebben vijf sponsors die instaan voor zo'n 5% van ons budget: Samsung, AB InBev, de Nationale Loterij, Belfius en Coca-Cola. Vandaag moet je die sponsoring verdienen. Geen enkel bedrijf is nog bereid geld te geven in ruil voor zijn logo op een affiche. Bedrijven willen zich associëren met de instelling die ze sponsoren en willen ook een recht-streekse return in de vorm van tickets of gebruik van de zaal. Voor elke sponsor werkt onze marketingafdeling een programma op maat uit waarin het op een gepaste manier kan communiceren met ons publiek. Om een maximale zichtbaarheid en return te bieden aan onze sponsors be-perken we het aantal bewust tot vijf. Op sponsoringbud-getten zit in tijden van economische crisis geen rek, zodat onze inkomsten uit sponsoring niet stijgen.

Alles bij elkaar is er binnen het huidige inkomstenmodel beperkte ruimte tot groei. Wat doe je dan als culturele instelling? Tevreden zijn met wat is en roeien met de rie-men die je hebt? Hopen op betere budgettaire tijden voor de Vlaamse minister van Cultuur? Maximaal inzetten op kostenbesparing? Knippen in het culturele aanbod?

Het is mijn overtuiging dat een cultuurhuis in tijden van crisis net moet kiezen voor de vlucht vooruit. Een cul-tuurhuis moet op zoek gaan naar manieren om de in-komstenmotor beter te laten draaien of naar andere in-komstenmodellen. Groeien, dus.

Een drug genaamd subsidie

Eerst nog even iets over subsidies. Bij mijn aankomst van-uit de commerciële culturele sector (ik was jarenlang di-recteur van platenmaatschappijen EMI en Universal) viel het mij op dat veel tijd van de directeuren van culturele instellingen gaat naar het praten over en het lobbyen voor (meer) subsidies. Dat is heel begrijpelijk omdat subsidies voor sommige instellingen tot 90% van de middelen uitmaken. Subsidies zijn een drug: je raakt er niet vanaf, je wilt steeds meer en als je ze niet meer krijgt, volgt er een fikse kater. Betere vragen voor leiders van gesubsidieerde instellingen – in tijden van een slinkende subsidiepot – zijn volgens mij: worden onze subsidies efficiënt gebruikt, en wat zijn de mogelijkheden om andere inkomsten te verhogen? Lees: hoe kunnen we ervoor zorgen dat onze organisaties minder afhankelijk worden van subsidies?

Vooraleer ik met in culturele pek gedrenkte veren belaagd word: subsidies zijn nodig en onontbeerlijk waar het gaat om het aanpakken van taken die niet door de commerciële sector worden ingevuld. In de AB betekent dat concreet dat we onze subsidies gebruiken om jong (Vlaams) talent te ondersteunen en om zelf muzikale projecten op te zetten die in het commerciële circuit geen kans zouden krijgen. Bijna dagelijks musiceert er in onze club opkomend talent uit binnen- en buitenland. Wij vinden het belangrijk dat die artiesten voor hun optreden een redelijke verloning krijgen en dat de ticketprijzen laag blijven zodat zoveel mogelijk mensen die artiesten aan het werk kunnen zien. Dat alles maakt dat alle concerten in onze club verlieslatend zijn. En toch is het uiterst belangrijk om dat te blijven doen. Zonder die ondersteuning vanuit AB en andere muziekclubs, vandaag geen Triggerfinger, Milow of Selah Sue. Zelfs Adele zette haar eerste stap-

pen op een Belgisch concertpodium in de club van de
AB. Onze rol van broedplaats voor nieuw talent is ononent-
beerlijk en verdient steun van de overheid. Alle gesubsidieerde culturele instellingen vullen op hun manier die
rol van voedingsbodem voor nieuw talent in. En als dat
jonge talent groot geworden is, dan kan de commerciële
sector er mee de vruchten van plukken.

Groeien in tijden van crisis

Ik stelde al de vraag of een cultuurhuis zo nodig moet
groeien. 'Kunnen we niet tevreden zijn met wat we hebben?' Die vraag krijg ik regelmatig op mijn boterham.
Mijn antwoord is duidelijk: nee. Elk levend organisme
heeft nood aan groei, aan vooruitzichten, aan uitdagingen,
aan nieuwe initiatieven. Groei hoef je niet noodzakelijk te
definiëren als 'meer middelen', groei kan ook op nieuwe
initiatieven slaan. Vorig jaar opende de AB *Huis 23*, een extra ruimte voor zeventig bezoekers waarmee we onze educatieve opdracht gestalte geven. We doen dat bijvoorbeeld
met lezingen, *classic albums*-luistersessies of akoestische
sessies van beginnende artiesten. Huis 23 poogt ook een
ontmoetingsplek te worden voor het Brusselse culturele
veld. Het initiatief stelt niet veel voor in economische termen (alle activiteiten zijn gratis), maar het geeft wel een
hoop mentale ruimte aan onze artistieke medewerkers.
Zij kunnen er experimenteren met beginnende artiesten
en nieuwe concepten. En ook dat is groei.

Binnen de context van de AB heeft groei dus een dubbele betekenis: de zoektocht naar andere middelen om op termijn onze doelstellingen te kunnen blijven invullen en het creëren van nieuwe artistieke mogelijkheden.

Bedrijven die nadenken over groei en creatieve mogelijkheden om hun activiteiten uit te breiden zijn ook aantrekkelijke werkgevers voor slimme, creatieve werknemers.

Bij het nadenken over groeimogelijkheden kwam al snel de gedachte aan een derde zaal het hoofd opsteken.

Waarom een derde zaal voor de AB?

Binnen het huidige gebouw is er slechts beperkte groeimogelijkheid. Huis 23 was het laatste plekje in de AB dat nog niet was opgevuld. Toch is er vanuit de markt meer vraag naar het gebruik van onze zaal en hebben we zelf ook regelmatig de artistieke frustratie dat we ons ei niet altijd gelegd krijgen wegens plaatsgebrek. Met name voor zittende concerten is er een probleem: onze capaciteit is slechts 720 plaatsen. We zijn graag Brussels gastheer voor Vlaamse artiesten zoals Bart Peeters, De Nieuwe Snaar of The Boney King of Nowhere, artiesten die het liefst in een zittende theateropstelling spelen. Met de huidige capaciteit en de kostprijs van zo'n productie is dat echter verlieslatend. En paradoxaal: hoe groter het succes en dus hoe meer uitverkochte zalen, hoe groter het verlies. Om dat verlies te dekken kunnen we onze subsidies aanspreken. En dat vind ik dus niet helemaal oké: subsidies moeten dienen om jong talent te ondersteunen en niet om gevestigde waarden speelkansen te geven in Brussel.

Daarom de zoektocht naar een andere zaal met een grotere zittende capaciteit, waar we wel break-even kunnen draaien of winstgevend kunnen zijn voor gevestigde artiesten. Als we verlieslatende zittende concerten kunnen weghalen uit de AB creëren we bovendien meer capaciteit in de AB zelf voor winstgevende, staande concerten met een capaciteit van 2000 mensen. Dubbele winst dus.

Een toekomstvisie voor het Amerikaans Theater

Na heel wat zalen te hebben bezocht, viel ons oog uiteindelijk op het Amerikaans Theater. Dat architecturaal waardevolle overblijfsel van Expo 58 staat leeg sinds het vertrek van de VRT. De prachtige theaterzaal zou met zijn potentieel van 1200 zitplaatsen een welkome aanvulling vormen op de AB en op het bestaande zalenpark in Brussel.

Het gaat ons echter niet alleen om meer stoeltjes. Het is ons doel om op de Heizelvlakte een nieuwe culturele hotspot voor Brussel uit te bouwen. De zaal zal immers niet alleen geschikt zijn voor AB-concerten. Ook voor grotere (internationale) dansvoorstellingen, theater of comedy zou het Amerikaans Theater een heerlijke plek zijn. In Brussel is er een enorm tekort aan repetitielokalen en aan plekken waar kunstenaars in alle rust gedurende dagen of weken kunnen werken aan de creatie van een nieuwe dans- of theatervoorstelling. In onze stoute dromen willen we het paviljoen dat rond het theater ligt en dat 6000 m² groot is, inrichten tot repetitielokalen, een creatieplatform, artistieke-opleidingslokalen, logeerkamers, kortom: een broedplek voor jong en gevestigd talent. Het grote middenplein, dat vroeger overdekt was, zou perfect kunnen dienen om zonder vrees voor geluidsoverlast openluchtconcerten te organiseren. Het Amerikaans Theater moet een plek worden waar de hele dag aan cultuurcreatie wordt gedaan. Een *Cité de la Culture* voor Brussel.

Daarnaast willen we er een incubator van maken. We voorzien in onze plannen in werkruimten voor jonge ondernemers uit creatieve sectoren, die de nabijheid van cultuur inspirerend vinden en die een deel van hun creativiteit willen inzetten om van het Amerikaans Theater een bloeiende culturele, creatieve, ondernemende plek te maken. Het recentelijk geopende project De Hoorn in Leuven is een inspirerend voorbeeld.

Dat idee kan perfect aansluiten bij de plannen van de stad Brussel om de hele Heizelvlakte te herontwikkelen. Brussel wil de culturele functie van dat gebied benadrukken. Bij het opmaken van onze plannen werken we dan ook nauw samen met de stad.

Ik pleit er sterk voor om het Amerikaans Theater opnieuw een toekomst te geven als cultuurhuis. Een goed draaiende concert- en theaterzaal zou bovendien de motor kunnen zijn voor een heropleving van de buurt. Vandaag ligt het theater in een verlaten stuk van het Heizelplateau waar het 's avonds niet altijd veilig vertoeven is. Zo kunnen we als cultuurhuis mee impulsen geven om een stuk stad aantrekkelijker en veiliger te maken. Net zoals onze collega's van WIELS doen in Vorst.

De weg is nog lang en de obstakels nog talrijk om dat Amerikaans Theater zijn oorspronkelijke functie – theater – terug te geven. De grootste vraag is: wie gaat dat betalen? De AB heeft als bescheiden vzw niet de middelen om een project van die omvang te financieren. Zelfs een theaterzaal met een capaciteit van 1200 zitjes brengt niet voldoende geld op om een dure aankoop en noodzakelijke verbouwingen te doen. Zo zal er heel wat geld nodig zijn om een gebouw uit 1958 te laten voldoen aan de milieuvereisten van vandaag. Een deel daarvan kan komen van privékapitaal: we onderzoeken de mogelijkheid om in het gebouw een aantrekkelijke horecazaak te huisvesten: in de zomer lopen er tienduizenden bezoekers rond in het park die er weinig mogelijkheden hebben om wat te eten of te drinken. En waarom zouden we op het prachtige binnenplein in de zomermaanden geen pop-upspeeltuin voor kinderen optrekken?

Dan toch zullen we weer op zoek moeten naar een overheid die de meerwaarde van een cultuurhuis voor Brussel inziet. En een overheid die bovendien durft te denken op lange termijn: het is niet omdat er nu geen geld is, dat het er nooit meer zal zijn.

Is dat alles?

Ik heb het Amerikaans Theater uitgewerkt als voorbeeld van het cultureel ondernemerschap binnen de AB. We leggen uiteraard niet al onze eieren in één mandje.

Groei kan ook komen door nieuwe doelgroepen aan te boren: de AB is traditioneel gericht op de (jong)volwassen groep van muziekliefhebbers. Kleuters en kinderen hoorden daar niet bij, tot we besloten om zelf een productie te starten met Kapitein Winokio als centrale figuur. Niet meteen een naam die je zou verbinden aan de AB. Na drie jaar staat die kapitein jaarlijks garant voor zes uitverkochte zalen vol enthousiaste kinderen en hun ouders. In beide gevallen gaat het veelal om nieuwe (en hopelijk toekomstige) bezoekers voor de AB.

Een heel andere manier om uit te breken uit de beperkingen van onze fysieke concertzaal is ABtv. Dat kwam er als antwoord op de klacht dat vele van onze concerten snel uitverkocht zijn. Met ABtv geven we aan de thuisblijver de mogelijkheid om een concert live mee te volgen op de AB-website of op de website van een mediapartner. Zoals met zovele onlineactiviteiten is dat echter nog geen winstgevend model. Het is wél een efficiënt marketingmiddel dat het merk AB versterkt bij de consument en bij de leverancier: de artiesten. Die laatsten zijn erg gewonnen omdat ze met een concert in de AB een publiek over heel de wereld kunnen bereiken. We onderzoeken de mogelijkheden om van het online-tv-kanaal ABtv een winstgevend model te maken. Onlangs creëerden we in samenwerking met YouTube ook ons eigen YouTube-kanaal, wat het bereik van ABtv sterk kan vergroten.

We zetten bij de AB ook in op doorgedreven samenwerkingen met andere cultuurhuizen in Brussel. Met Bozar, Flagey en de Beursschouwburg plannen we projecten die we alleen niet zouden aankunnen. Door onze schaarse middelen samen te leggen kunnen we artistieke projecten aan die we alleen nooit zouden kunnen financieren. Zo had de AB onlangs voor het eerst een filharmonisch orkest te gast dat een boeiende samenwerking aanging met de Deense rockgroep Efterklang. Die samenwerkingen zorgen ook weer voor frisse ideeën en voor creatieve uitdagingen voor onze medewerkers.

Uiteindelijk moet een ondernemende geest de AB helpen om zijn opdracht nog beter te vervullen: boeiende, uitdagende en vernieuwende muziek brengen aan een Brussels, Vlaams en Belgisch publiek.

6. Nico droomt van opera
Een draagvlak voor duurzame cultuur

Nico Mansfield

T.E. Lawrence – ons beter bekend als *Lawrence of Arabia*
– schreef ooit:

'All men dream, but not equally.
Those who dream by night
in the dusty recesses of their minds,
wake in the day to find that it was vanity:
but the dreamers of the day
are dangerous men,
for they may act on their dreams with open eyes,
to make them possible.'

Behalve dat dit een nogal persoonlijk inspirerend citaat
is, wil ik aan de hand ervan een visie ontvouwen die niet
exclusief dromerig is.

De dromen van vandaag zijn de antwoorden op de vragen
van morgen. En van vele morgens daarna. En waar het om
de cultuur in Nederland gaat, is de vraag van morgen ons
al lang bekend: 'In welke situatie bevinden we ons over

acht à tien jaar?' Ik noem dat aantal vanwege de kunstenplanperiodes die gelden voor vier jaar. *Slechts* vier jaar.

- Staan we in de rij voor een uitverkochte schouwburg
  of filmzaal?
- Staan ouders op om hun bevlogen en getalenteerde
  kinderen toe te juichen, na afloop van hun hartver-
  warmende optredens?
- Staat dat geweldige talent op de luchthaven, wachtend
  op een vliegtuig omdat de deuren van een internationale carrière zijn opengegaan?
- Zijn we in staat nieuw publiek én oud publiek zowel
  te verrassen als te voldoen aan hun hoge eisen?

Of staan we ons, kijkend in de bekraste spiegel van de
beschaving, op ons hoofd te krabben, onszelf af te vragen
waar het allemaal misging?

- Een bezuinigingsronde;
- een doelloze reorganisatie;
- of een fusie te veel.

En waarom een land dat zoveel heeft geïnvesteerd in zijn
cultuur het rendement van het aanbod heeft zien inkrim-
pen en verschralen?

Als een plant die nauwelijks nog opkomt. Een theater als
een opgegraven archeologische vondst. Een meewarig
bekeken museumstuk op een nostalgisch stukje film.

Gedurende de laatste twee jaar is mij vaak gevraagd: waarom zet je je zo in voor cultuur? Wat is daarvan de waarde? En mijn antwoord was én is: cultuur is de verzameling van alle liefde, alle levenslust en alle gedachten, die de mensheid door de eeuwen heen heeft gebonden, bevrijd en geïnspireerd. Cultuur is níét de investering in het rendement van ons bestaan, het is de winst die we met elkaar delen!

De Nationale Reisopera, Nederlands grootste reizende operaorganisatie, heeft in haar bedrijfsstructuur enorm geleden onder de cultuurslachting van 2012. Een bedrijf van rond de honderd medewerkers met een rijkssubsidie van grofweg 8,5 miljoen euro. Gekort met iets meer dan 60%, met verlies van ongeveer 75 banen. We waren een flinke tijd boos. Heel erg boos. Vooral omdat we telkens een goede beoordeling hadden van de bedrijfsinspecties en omdat we onze artistieke en zakelijke inhoud geheel op orde hadden. Maar zoals met zovele culturele instellingen in Nederland, vooral buiten de Randstad, mocht dat niet baten.

Een deel van de politiek had zijn tanden in de cultuur gezet. En de afbraak smaakte hen blijkbaar erg goed, want de afbraak kende niet-geringe kosten die graag werden opgebracht.

Maar er kwam een einde aan die tunnel.

Een grotezaalaanbod van vijf producties per seizoen, een buitenlandse tournee voor onze afdeling jong talent, opera in de wijk (voor kinderen en thuisblijvers in vakantie-tijd) en tal van nieuwe allianties – ook die waaraan we voorheen niet hebben gedacht – hebben ons het licht aan het einde van de tunnel doen zien.

We gaan door. Wat dramatisch aangezette krantenberichten ook over ons verhalen. Omdat het moet. Maar ook met een gerevitaliseerde wil. Met sterk verminderde overheadkosten gekoppeld aan een geest van ontdekking en lef van het nieuwe verkleinde team, omsingeld door samenwerkingspartners uit zowel de cultuur als het bedrijfsleven. We hebben een afslag genomen die *toekomst* heet.

We zullen zeker en vast vaak genoeg struikelen onderweg naar boven – een beter bij ons budget passende huisvesting moet bijvoorbeeld nog worden gerealiseerd. Maar *blijven klimmen* is de afspraak met onszelf. Met vijftien vaste medewerkers en, per productie, een peloton van zelfstandigen en freelancers. Omdat cultureel ondernemen niet alleen *zelf* ondernemen is, maar een omgeving bouwen waarin anderen dat *bij jou* kunnen doen.

De kern van ons beleidsplan voor de komende vier jaar is de overtuiging dat 'iedereen in Nederland recht heeft op toegang tot kwaliteitscultuur'.

Van de voor de hand liggende stadsharten van grotere steden tot in de provincie, in de schoot van de volhardende gemeenschapszin. Van provinciesteden waar de citymarketing nog in de kinderschoenen staat tot in de vrije zomer van het ontvolkende platteland. Het ontvolkende platteland dat elk jaar evenwel overspoeld raakt met campingpubliek.

Iedereen in Nederland die dat wil, heeft *hetzelfde* recht op toegang tot kwaliteitscultuur. Omdat *mensen* de cultuur zijn; niet 'het beleid' is cultuur. Niet 'het onderwijs' is cultuur. Maar publiek, mensen, die vormen 'de cultuur'.

Aldous Huxley raadde ons aan: *dream in a pragmatic way*, droom op een maakbare manier. Zodoende zijn we tal van nieuwe allianties aangegaan: verbintenissen op lokaal niveau in onze thuisbasis Enschede, met een jeugdtheatergezelschap; regionaal, in de provinciehoofdstad Zwolle met een gezelschap voor jonge makers; nationaal met de theatergezelschappen De Veenfabriek uit Leiden en Het Geluid uit Maastricht. En met de Nederlandse Opera in Amsterdam en Opera Zuid in Maastricht. Om samen aan te sturen op het bevorderen van (de ontwikkeling van) jong talent.

En internationaal: met Dorset Opera. Een zomers operafestival in Zuidwest-Engeland waar jonge zangers op het podium staan naast collega's van wereldfaam.

Maar ik ben vandaag niet naar Antwerpen gekomen om te vertellen wat ik allemaal al bereikt heb. Veeleer het tegenovergestelde. Wat moet er nog? Ik ben pas begonnen, maar vraag mezelf voortdurend af hoe ik ons gezelschap nog een dimensie verder kan duwen.

Mijn droom voor alle cultuurmakers door Nederland en door heel Europa is dat ze elkaar meer opzoeken. En vaker de cultuur uit het politieke debat weten te trekken. Dat meer cultuurmakers zich bezighouden met de vraag hoe ze een ander, buiten hun eigen winkeltje, verder kunnen helpen. U merkt hoe weinig ik het over geld heb. Wel heb ik het graag over ondernemen.

De cultuur als onderwerp van politiek debat getuigt van gebrekkige marketing. Over tandpasta wordt niet gedebatteerd, daarvan ontleen je het koopargument aan de slogans in reclamespotjes. Waarom schrobben we ons brein dan niet met artistieke verbeelding? Wat ontbreekt er nog bij ons? Een voor de hand liggend antwoord is het opkopen van reclamezendtijd en advertentieruimte. Maar dat draagt volgens mij geen oplossing in zich. Want het kost geld, waarvoor ik geacht word producties te leveren.

Eind december 2012 mocht ik – tussen die van andere cultuurmakers – een nieuwjaarswens in een landelijke krant schrijven. Ik besefte tijdens het samenstellen van de beste wensen dat: 'van alle sporten cultuur het gezondst is. Jezelf keer op keer verslaan is vele malen mooier dan telkens een nieuwe opponent op te zoeken.' Er zit geen winst in het creëren van verliezers.

Cultuurmakers, vind ik, moeten per definitie vooruitstrevend zijn.

We moeten niet langer treuzelen – in onze beleidsvorming – vanwege de ontwikkelingen in de politiek en het openbaar bestuur. Of afwachten wat de inspecties nu weer eisen of verzinnen. Of op ons af laten komen welke modieuze en hoogst subjectief gemeten invulling er nu weer aan *public value* gegeven wordt.

Draagvlak vinden voor de cultuur is geen vanzelfsprekende plicht van de politiek. Cultuurmakers moeten hun draagvlak niet uitsluitend bij de politiek zoeken. Draagvlak vanuit de samenleving is mijn droom en mijn doel. De politieke plichtsvervulling komt pas daarna.

Er bestaan nog cultuurmakers, en zeker onder opera-puristen, voor wie marketing een vies woord is. Een hele generatie is oud geworden in de overtuiging dat commercialiteit alleen slaagt als dat afbreuk doet aan de artisticiteit.

Maar *advertising* en public relations zijn – sinds hun *heydays* in de jaren zestig – volwassen geworden. In voorbije tijden was de 'kunst' uitsluitend wat we op het podium zagen. Tegenwoordig is marketing ook een kunstvorm. Een kunstvorm die alle cultuurmakers in de vingers horen te krijgen.

Vooral een operamaker zoals ik – die zich verplicht voelt om ook eens een museum binnen te lopen om zo gretig aan andere kunstzinnige uitingen te snuffelen – dient door te hebben dat marketing óók een kunst is: en dan niet alleen 'the art of detaching people from their money'. Om het inhoudelijk te benaderen: kijken hoe je andermans leven broodnodig kunt verrijken, terwijl je weet dat er in hún dagelijks bestaan ook wendbaarheid en inspiratie van ze verlangd wordt.

Er zijn immers niet zoveel sectoren in de samenleving meer over die zonder creatieve impulsen kunnen. Alles is onderhevig aan verandering. Theaterbezoek is dan ook iets volstrekt anders geworden dan een verzetje na een vijfdaagse week gedane arbeid. Dat kan de alom aanwezige televisie op de zaterdagavond ook bieden. Mensen verlangen, nee *eisen* een belevenis. Een ervaring die hun leven een klein maar wezenlijk deeltje verandert en hun drukke bestaan meer motief geeft. Het is tijd om onze culturele voorzieningen daartoe te verduurzamen.

Marketing slaagt in dat licht niet als een verplicht nummer. Marketing dient met overtuiging aan het metier toegevoegd te worden; de organisatie moet worden doordrongen van de noodzaak om bij alles wat ze doet te denken aan verbinding met het publiek. Marketing is niet langer het stadium dat volgt wanneer een artistiek product de voltooiing heeft bereikt. Cultuur *begint* met de verbinding met publiek en maakt deel uit van het maakproces. De toevoeging van marketing aan de cultuur zal ongetwijfeld tot nieuwe kunst leiden.

Er is de laatste jaren veel gezegd en geschreven over de verbinding tussen bedrijfsleven en cultuur: de noodzaak van een *culture of responsibility* vanuit het bedrijfsleven. Er leeft een begrijpelijke, maar potentieel desastreuze denkfout. Dat bedrijven hun geld gaan afstaan om de cultuur overeind te houden. Deels zal dat gebeuren. Er zijn vast nog bedrijven die steevast een budgetje hebben voor kunstaankoop of sponsoring van een product waarop ze hun bedrijfsnaam kunnen plakken. Zo zijn er pensioenbedrijven die hun kantoorgebouwen met schilderijen hebben gevuld en theaterzalen die de naam van een bank dragen. Maar *iets* – en dat mag gerust licht ironisch worden opgevat – zegt me dat dat niet zo blijft.

Wie rekent op gewillige geldschieters is op weg naar de ondergang. Beslissingsprocessen in bedrijven hebben een onverdraaglijke lengte bereikt. Er is bovendien zo veel meer dan doneren. En cultuurbedrijven moeten zich heel snel bewust worden van hun waarde.

Er moet een nieuwe synergie tussen bedrijf en cultuur komen die meer dan vooruitstrevend is. Met bouwstenen in content en beleving. Niet in politieke correctheid, bijgelovige aflaat of oppervlakkige naamsponsoring. Inhoud van kunst moet meer dan ooit passen bij bedrijfsuitstraling en -identiteit. Of misschien wel contrasteren mét. Want een kunstproduct kan niet altijd letterlijk de naam van een consumentenproduct dragen. Zo werkt dat niet.

Cultuurmakers moeten de vraag 'Wat kan ik krijgen?' vervangen door de vraag 'Wat kan ik betekenen?' Ook bedrijven moeten de vraag 'Wat kan ik krijgen?' vervangen door de vraag 'Wat kan ik betekenen?' We doen immers allen graag zaken met bedrijven die voor hun omgeving iets betekenen. Belastingplicht valt blijkbaar te ontduiken, verantwoordelijk gedrag niet.

Een bescheiden voorbeeld van dit jaar is onze reis naar Engeland met jonge uitvoerende kunstenaars. Samen met een groot nationaal vervoersbedrijf verkopen we een reis: 'Op reis met de Nationale Reisopera'. Vakantiegangers met belangstelling voor cultuur reizen met de artiesten en andere makers mee. Ik wil daarmee unieke beleving, transformatie en interactie creëren, en reis dan ook mee. Met een bedrijf dat zich verdiept heeft in de behoeften van mijn bedrijf. Mijn product uitlenend aan de behoeften van het zijne.

Samenwerking is niet altijd onderhevig aan een bedrijfskundige formule. Inspiratie komt niet van een lopende band. De busondernemer kwam ik tegen in een voetbalstadion. Het klikte op intermenselijk vlak, en ik nodigde hem uit om naar een opera te komen kijken. Pas daarna zijn we met elkaar gaan praten om tot een overeenstemming te komen. Het is de menselijke maat die hier de doorslag heeft gegeven, niet een artistieke of een economische norm. Niet een recept dat zich lichtzinnig laat dupliceren.

Toen ik twaalf jaar oud was, had ik een – op zich – maakbare droom. Ik wilde piano leren spelen. Maar ik had helemaal geen piano. En ik 'bezat' ook geen ouders die de mogelijkheid hadden om er een aan te schaffen.

Op een tamelijk inwisselbare zaterdagochtend in het najaar van 1978 klonk de deurbel. Het was een man van de plaatselijke muziekwinkel. Iemand had voor mij een piano gekocht. Hij mocht niet zeggen wie.

Daar begon mijn reis – op een muziekinstrument – en meer dan dat: zo werd een droom realiteit. Daarop werd realiteit verantwoordelijkheid. Want: een piano bezitten betekent nog niet dat je hem goed kunt bespelen. Daar is oefening voor nodig, waar je je zorgeloze jeugd voor hebt in te leveren. Soms zijn dromen genoeg, maar vaker zijn ze dat niet. Niets komt echt gratis. Dromen is kansen zien en verantwoordelijkheid nemen.

Verantwoordelijkheid neem ik graag letterlijk. Want ik neem zo letterlijk mogelijk zoveel mogelijk talentvolle kunstenaars en geïnteresseerde toehoorders, een stap verder mee in de verbeeldingswereld die muziek en theater heet. Ik geef dus hooguit een droom door aan een volgende generatie. In een bus, als het moet.

Mijn droom voor de cultuur in Nederland is dat we elkaar op nieuwe vooruitstrevende manieren – in het kwadraat – weten op te zoeken in de bundeling van kracht, inspiratie en expertise.

In die droom is het geen crisis. In krachtenbundeling kan per definitie geen recessie zitten. De toegevoegde waarde van samenwerking is dat ze de nadruk legt op wat je doet, en niet op wie je bent of hoeveel je hebt. Samenwerking betekent publiek delen, expertise delen, en samenwerking betekent logistieke middelen delen.

Samenwerken betekent mensen delen, samenwerken betekent kunstvormen uitwisselen en samen grenzen verleggen. Samenwerken betekent vooruitlopen op de feiten van vandaag om de kaders voor morgen alvast aan te leggen. Samenwerken is het nieuwe concurreren. Concurreren is *out*, samenwerken is *in*. Ik hoop dat ik in 2013 werkelijk niet de enige ben die dat zo opvat.

Samenwerken in de kunsten betekent voor mij cocreëren, niet coproduceren. In een coproductie zit een zwaktebod van een bijeengeveegd budget besloten. Ik wil verder gaan dan dat.

In drie grote zaalproducties van volgend seizoen werk ik samen met het Nederlands Opera en Concert Koor. Tot drie maanden geleden waren dat allemaal werknemers met een vaste baan in het koor van de Nationale Reisopera. Overtuigd van de noodzaak van het laten renderen van hun eigen levensinvestering hebben ze besloten op eigen kracht door te gaan. Ik kan geen koor in vaste dienst meer betalen, maar ik bied ze graag werk aan. Ook zij zullen moeten ondernemen om met partners overeenstemming te bereiken. En mijn bedrijf is hopelijk niet hun enige partner.

Ik ben in dit leven nog lang niet klaar om mijn dromen door achteroverleunen te vervangen. Ik spreek hier vandaag niet alleen als directeur van een Nationale Reisopera maar als een cultuurmaker, iemand met dromen voor het hele culturele veld. In al zijn verscheidenheid en potentie. En daarbuiten. Want ik wil verder dromen dan een aria, opera... carrière of oeuvre. Niet alleen groter, wel beter.

Ik droom bij dag dat we voor de volgende generaties een omgeving mogen creëren waarin zij mogen excelleren. Niet naar beneden getrokken door zelfgenoegzame middelmatigheid, het platvloers populisme van lage drempels, verstokte staatsafhankelijkheid of een ijdel afscheidsconcert van een teleurgestelde subsidiecomponist. Maar geïnspireerd en bevlogen. Op naar de top, afslag toekomst, en nergens anders.

Ik droom dat we over tien jaar in ons deel van de wereld en daarbuiten bekend mogen staan om onze culturele aantrekkingskracht, en als het land dat – toen de haren (!) eenmaal uitvielen – zichzelf aan de intrinsieke waarde van cultuur uit het moeras heeft getrokken.

Ik distantieer me van de beeldvorming zoals die eind januari in de *New York Times* stond: 'Dutch arts scene is under siege' – de Nederlandse cultuursector wordt belegerd en bestookt. Oorlogstaal inspireert me niet en angst geeft geen raad. Vluchten kan niet meer, de situatie vraagt dat we risico's nemen.

Mijn risico ligt op dit moment in de tijd, in het snel vinden van draagvlak. Niet alleen bij de ambtenaren en politici, al stel ik hun dialoog ook in de toekomst erg op prijs. Maar ook bij verantwoordelijke bedrijven en publiek op jacht naar blijvende inspiratie. Ook bij partners in het professionele en amateurveld, maar meer dan ooit: in vernieuwing. Niet alleen het conserveren van excellentie is mijn taak. Ik zal nieuwe relevante kunstvormen een podium moeten durven gunnen. En samen met andere cultuurmakers en partners zullen we de cultuur moeten verduurzamen.

Een breed draagvlak, steun onder de gehele populatie, kan die duurzaamheid bieden die ik zoek om mijn voornemens verder te tillen dan twee kunstenplanperiodes. Een breder draagvlak dan alleen een van strenge subsidiebeoordelaars gaat ons ook beslist andere kunst opleveren. De kunst die ons deel van de wereld in het huidige economische klimaat nodig heeft.

Dromen is geloven. Iets zien dat nog niet gemaakt is. Dromen is verantwoordelijkheid. Dromen met je ogen open en dagdromen met elkaar.

Dromen is doen. In de woorden van Sarah Breathnach:

The world needs dreamers and the world needs doers. But above all, the world needs dreamers who do.'

En bovenal: de duurzame cultuurmaker heeft de plicht het publiek te voorzien van iets waarvan ze van tevoren niet wisten dat ze er behoefte aan hadden.

Een quote van Henry Ford luidt: 'If I'd asked people what they wanted, they'd have asked for faster horses.'

Zelfs al heeft Henry Ford dat niet *als eerste* gezegd, of wellicht helemaal niet gezegd, het is wel duidelijk voor welke opdracht je staat als cultuurmaker die het eigenlijk al van kinds af aan gewend is cultuur te maken. Je moet iets volstrekt anders verzinnen. Gevaarlijk durven dromen.

Ik vond mijn inspiratie daarvoor in *Lawrence of Arabia*, in een anoniem gebleven gulle gever die mijn talent erkende, bij Aldous Huxley, bij Sarah Breathnach en tandpastareclame, in een overheid die haar ziel terug moet krijgen en in een bekrast spiegelbeeld, in concurrerende collega-bedrijven en de falende rol van grootschalige commerciële sport, in een wraakzuchtige regering, bij Henry Ford en in mijn nieuwe baan. En ik vond inspiratie in opera zelf. De vorm van kunst die bij uitstek de eigenschap dient te hebben het leven in zich op te zuigen, vorm te geven en met overtuiging weer uit te spugen. Met de volste overtuiging.

Ik beëindig mijn opsommingen met de inspiratie die ik vond bij de 82-jarige Jiro Ono.

In *Jiro Dreams Of Sushi*, een Amerikaanse documentaire-film uit 2011, werkt die man op zijn leeftijd in zijn drie-sterrenrestaurant in Tokyo nog steeds methodisch aan de perfectionering van zijn kunst: niet alleen het maken van sushi, maar ook het zich verdiepen in zijn publiek. Ik vond inspiratie in 'het leven van je droom', en in 'het dromen van je leven'.

7. De toestand is ernstig, maar niet hopeloos
Het Belgische galeriewezen, een landschap in beweging

Jo Coucke

Inleiding

Over een thema als 'Geld & Cultuur' valt ongetwijfeld veel te zeggen en te schrijven. Zeker in een land als het onze, dat kan bogen op een ongelooflijk rijke traditie op het vlak van kunstenaars en verzamelaars. Zonder de inzet van tussenpersonen of mediatoren zoals galeries waren we nooit zo ver gekomen. Het is vandaag, in een geglobaliseerde wereld, meer dan ooit zaak de voorwaarden te creëren en garanties in te bouwen die ervoor zorgen dat die traditie behouden blijft en dat die rijkdom kan blijven aangroeien.

Het onderwerp 'Cultureel ondernemen in financieel moeilijke tijden' is een andere kwestie. Wat betekent dat, cultureel ondernemen? Waar komt die term vandaan? Kunnen we cultureel ondernemen onderscheiden van andere vormen of soorten ondernemen? We gaan ervan uit dat elke vorm van ondernemen economisch is. Binnen de tautologie 'economisch ondernemen' kunnen we evenwel een onderscheid maken tussen cultureel ondernemen en bijvoorbeeld financieel ondernemen.

In deze bijdrage concentreer ik me op de betere Belgische galerie, de zogenaamde promotiegalerie. Liever dan de vraag te beantwoorden wat een cultureel ondernemer doet, kunnen we met een redelijke kans op consensus stellen dat een promotiegalerie een culturele onderneming is. Een galerie toont en verhandelt objecten waarvan de waarde initieel cultureel wordt bepaald: we hebben het dan over de zogenaamde symbolische waarde van het kunstwerk. Het galeriewezen is die economische sector waardoor beeldende kunstwerken met culturele waarde of betekenis op de markt worden gebracht en worden verkocht.

De promotiegalerie

In hun boek *Een omgeving voor actuele kunst. Een toekomstperspectief voor het beeldende-kunstenlandschap in Vlaanderen* (2004) besteden Pascal Gielen en Rudi Laermans enkele verhelderende passages aan het galeriewezen.

Om te beginnen delen de auteurs het galerielandschap op in verschillende soorten galeries: de verhuurgalerie, de kunsthandelaar en de promotiegalerie. Ze gaan vooral in op de kenmerken van de promotiegalerie en wijzen er terecht op dat enkel de promotiegalerie 'een geheel aan activiteiten ontwikkelt die de kunstenaar binnen een professioneel artistiek netwerk kan verankeren'. Als kerntaken van de promotiegalerie noemen ze een aantal activiteiten die er zonder uitzondering op gericht zijn de kunstenaar en zijn werk te ondersteunen. Promotiegaleries tonen het werk van hun kunstenaars op binnen- en buitenlandse kunstbeurzen, ze organiseren tentoonstellingen en lezingen, ze verzorgen publicaties, ze doen aankoopvoorstellen bij commissies en verzamelingen, ze informeren verzamelaars en desgevallend produceren ze kunstwerken of kopen ze kunstwerken op voorhand aan. Dit alles uiteraard in ruil voor een percentage op de verkoop.

Maar Gielen & Laermans zien nog meer gebeuren: 'We observeerden dat promotiegalerieën, de ene al meer dan de andere, zich aan een impliciete deontologie houden. Die wordt ook sociaal bewaakt en gesanctioneerd. Een promotiegaleriehouder die de informele spelregels al te vaak met de voeten treedt, heet in de ogen van de collega's, kunstenaars en ernstige collectionneurs al snel 'een commerçant'. De impliciete gedragscode houdt onder meer in dat de promotiegalerie geregeld risico's neemt, bijvoorbeeld door minder verkoopbare kunst te exposeren en jong, aankomend talent te tonen. Erg belangrijk is ook het streven naar een juiste 'plaatsing' van een kunstwerk in zowel privé- als publieke collecties. Een artistiek artefact wordt dan niet zomaar aan eender wie verkocht.'

(...) Behalve met een strikte monetaire economie houdt de promotiegalerie (...) rekening met een symbolische economie. (...) Onze observaties wijzen dus op het bestaan van een effectieve beroepscode die de promotiegalerie onmiskenbaar van een doordeweekse kunstverkoper onderscheidt. (Gielen & Laermans: 162-165.)

Ten slotte bedelen Gielen & Laermans de galerie met een specifieke centrale rol in het spanningsveld tussen privé en publiek: 'Het valt (...) moeilijk te ontkennen dat nogal wat commerciële galerieën in sociaal opzicht deel uitmaken van het openbare culturele landschap. Het gaat vaak om semipublieke ruimtes. Als zodanig dragen ze overduidelijk bij tot de densiteit van het artistieke en culturele weefsel in onze regio. Daarenboven bestaan er in Vlaanderen enkele, vooral jonge, galerieën die een soortgelijke werking als de gesubsidieerde CBK's [Centra voor Beeldende Kunst] ontwikkelen.' (Gielen & Laermans: 86.)

Afgezien van het feit dat Gielen & Laermans de kenmerken van de promotiegalerie iets te gemakkelijk toeschrijven aan jonge galeries, geven ze maar al te juist aan dat de promotiegalerie 'dé centrale bemiddelaar in het krachtenveld tussen "privé" en "publiek" is (...). Als intermediair tussen artefacten, kunstenaars, critici, verzamelaars, curatoren, kunstliefhebbers en publieke instellingen bevindt de galerie zich op een knooppunt van vele tegenstrijdige doelstellingen en belangen. Wellicht is haar plek in het artistieke netwerk daarom ook zo ambivalent.' (Gielen & Laermans: 160-161.)

We kunnen de activiteiten van een galerie¹ ook vanuit een andere hoek belichten.

Zo gaat Joost Nijsen in zijn recente boekje *ABC van de literaire uitgeverij* in op de cultureel-economische spanningen waarmee de literaire uitgever te maken krijgt. Wie in het onderstaande citaat de termen uitgever, literatuur, auteur en boek vervangt door respectievelijk galeriehouder, beeldende kunst, kunstenaar en kunstwerk, komt tot een even goede duiding van de aard van de activiteiten die een galerie ontplooit.

Volgens Nijsen is een echte uitgever iemand die zijn vak niet louter uitoefent omwille van het ondernemen (wat op zich al heel spannend, inspirerend en bevredigend is), maar wil hij ook een bescheiden en indirecte bijdrage leveren aan ofwel de literatuur, of cultuur in bredere zin, of het maatschappelijk debat. Boeken blijven volgens Nijsen bij uitstek voertuigen voor culturele en maatschappelijke vernieuwing. (...) Veel romans openen vensters op de wereld. Non-fictieboeken (...) dragen bij tot inzicht en onderling begrip. Sommige verkopen goed, andere krijg je maar met moeite de boekwinkels binnen. Ook in het laatste geval moet je als uitgever naar je geweten luisteren en trots zijn dat je met de uitgave van die boeken kunt bijdragen aan de verbetering van de wereld. Een echte uitgever is een zakenman, maar wel een met een opdracht.

Volgens Karel De Sadeleer (2013) 'is de uitgever het glijmiddel tussen publiek en auteur, facilitator van een cultureel proces dat belangrijker is dan de economische groei van het uitgeversbedrijf. De uitgever neemt een aantal taken over van de auteur, zodat die auteur zich niet moet bezighouden met marktmechanismen, positionering, verkoopcijfers of populariteit. Bewust van zijn culturele nalatenschap moet de auteur alleen zijn werk centraal laten staan, en de uitgever moet zich op zijn beurt inspannen om het literaire werk in zijn waardigheid te laten, zonder het te degraderen tot een maximaal verkoopbaar product.'

De vergelijking tussen de boekensector en het galeriewezen gaat inderdaad op, althans tot op een bepaald punt. 'Het is vreemd', zo stelt Noor Mertens in haar essay *Betekenis en positionering van het Amsterdamse galeriewezen* (2012), 'dat het fenomeen galerie als belangrijke schakel in het algemene "kunstbedrijf" erkend wordt, terwijl de commercie steeds als wanklank wordt aangemerkt. Van Ravesteijn maakte ooit een mooie vergelijking waarbij hij de galerie naast de literaire uitgeverij plaatste. De galeriehouder zou zich op dezelfde wijze bekommeren om zijn kunstenaars als de uitgeverij via zijn redacteuren zijn schrijvers begeleidt. Tegelijkertijd hoor je weinig kritiek op de vergelijkbare commerciële positie van de uitgeverij.' (Mertens: 24)

Financieel moeilijke tijden?

Zijn voor het Belgische galeriewezen de tijden vandaag financieel moeilijker dan voorheen? En zo ja, waar lag het keerpunt? Laten we ervan uitgaan dat, als er in de galeriesector een conjunctuurwending is geweest, het keerpunt bij de bankencrisis van 2008 en bij de daaropvolgende crisis van de overheidsschulden ligt. Velen roemen het jaar 2007 als een topjaar voor de kunsthandel in het algemeen. Na de bankencrisis van 2008 ging het minder goed. Met de beste wil van de wereld kan ik over de impact van de crisis niet preciezer, niet objectiever zijn. Er is namelijk geen cijfermateriaal over de omzet van de Belgische galeriesector beschikbaar. Al denk ik dat de FOD Economische Zaken of de FOD Financiën er toch wel enigszins een zicht op hebben. Maar binnen de sector zijn geen cijfers bekend: geen actuele cijfers, geen historische cijfers, dus ook geen grafieken, statistieken of analyses. Bovendien valt te vrezen dat áls er al ergens cijfers over de Belgische kunstscene beschikbaar zijn, die zullen spreken over de kunsthandel in het algemeen, en dat ze weinig geprofileerd zullen zijn. Het galeriewezen is maar een onderdeel van de kunsthandel. Omzet in de kunsthandel wordt gegenereerd uit de verkoop van kunst via de galeries (reële en/of virtuele), de veilinghuizen, de kunsthandelaars, *marchands* of *dealers* (die zoals aangegeven duidelijk te onderscheiden zijn van de promotiegaleries), de kunstadviesbureaus, de kunstuitleenbedrijven en niet te vergeten de kunstenaarsateliers.

Iedereen had of heeft het gevoel dat het aantal kunstbeurzen de laatste jaren almaar toeneemt. En toch. Volgens de Duitse website ArtVista[2], naar eigen zeggen de referentiedatabase op het vlak van kunstbeurzen, zou het kunnen zijn dat we over de top heen zijn; voor 2010 registreerde de website 154 kunstbeurzen in het segment 'Modern & Contemporary'; in 2011 waren dat er nog 147. (Er zijn nog geen cijfers beschikbaar voor 2012 of 2013.)

Ook de vraag of galeries tegenwoordig meer omzet halen op hun deelnames aan (internationale) kunstbeurzen valt niet na te gaan. We kunnen de hypothese niet verifiëren, noch falsifiëren. Er is bij ons geen cijfermateriaal beschikbaar.

De Amsterdamse galerist Fons Welters zegt daarover het volgende: 'In goeie tijden maakte ik op de kunstbeurzen een derde van mijn jaaromzet. Maar omzet is niet het belangrijkste. Het gaat erom je kunstenaars onder de aandacht te brengen.' (Van den Boogerd, 2012: 124)

Het landschap van het Belgische galeriewezen

Toch kunnen we misschien nog iets leren over het Belgische galeriewezen, door het galerielandschap van nabij te bekijken en het in kaart te brengen. De verschuivingen en bewegingen die we daar kunnen vaststellen, geven een aantal betekenisvolle trends aan. Of die dynamiek echter schuldig is aan de crisis of niet, wordt een veel moeilijker verhaal.

In haar scriptie Cultuurmanagement uit 2005 (dus voor het uitbreken van de crisis) onderscheidt Tine Maenhout veertig Vlaamse promotiegaleries. Als we op dat cijfer enkele correcties toepassen[3], kunnen we stellen dat er in de periode 2004-2005 35 reguliere Vlaamse promotie-galeries actief waren. Van die 35 zijn er vandaag nog 25 actief. Dat komt neer op een verlies van tien galeries over een periode van amper acht jaar. Zou het galeriewezen een volatiele sector zijn?

Er zijn de afgelopen jaren inderdaad een aantal galeries verdwenen om diverse redenen. Denk bijvoorbeeld aan de galeries Richard Foncke, De Lege Ruimte, Hoet Bekaert, Koraalberg, Galerie Stella Lohaus of Dagmar De Pooter Gallery en Ottilia Pribilla, maar ook aan grotere huizen zoals de Stichting Veranneman. Of de crisis de oorzaak vormt van het verdwijnen van die kunsthuizen kan voorlo-pig niet met zekerheid worden beweerd. Tegelijkertijd zijn er ook heel wat galeries bijgekomen, zelfs in deze financi-eel moeilijke tijden. We komen er later op terug.

Ik heb geprobeerd – toegegeven, op volstrekt amateuris-tische basis – een statistiek samen te stellen om zicht te krijgen op het Belgische galeriewezen. Ik ben nagegaan welke galeries worden opgelijst. Op basis van het aantal deelnemers aan de 23ste editie van Art Brussels in 2005 (nog voor de crisis dus) en een aantal andere bronnen heb ik een schatting proberen te maken. In mijn statistiek zijn designgaleries noch kunstenaarsinitiatieven of vzw's opgenomen.

Als we nagaan welke galeries twee keer of meer worden vermeld, denk ik dat we een aanvaardbare telling kunnen doen van het aantal Belgische galeries dat vandaag actief bijdraagt tot de Belgische kunstscene. Op die manier komen we tot een indicatief cijfer van 69 Belgische galeries. Alhoewel vier galeries in geen enkele van de lijstjes een vermelding krijgen, heb ik ze uitzonderlijk weer 'opgevist' omdat ze onmiskenbaar spelers van belang zijn in de Belgische kunstscene.[4] Anderzijds is een aantal onder onze radar gebleven. In een recente studie van de Antwerp Management School in opdracht van Flanders DC (2011) kwam men op een gelijkaardig cijfer uit. (Guiette et al., 2011)

De geografische spreiding van de 69 galeries ziet er als volgt uit:

- 36 galeries zijn gevestigd in Vlaanderen (waarvan onder meer negentien in Antwerpen, acht in Knokke en vier in Gent). Met andere woorden: zowat het gehele contingent van Vlaamse galeries is verdeeld over twee steden en een gemeente; de resterende vijf liggen verspreid over het Vlaamse land.
- Dertig galeries zijn gevestigd in het Brussels Hoofdstedelijk Gewest.
- Drie galeries zijn gevestigd in Wallonië.

Dat proportioneel zo'n groot aantal galeries in Brussel is gevestigd, is een duidelijke vaststelling. Wat meer is, er is de laatste jaren een duidelijk hogere concentratie van galeries in Brussel waar te nemen. Hoe komt dat nu? We kunnen twee fenomenen onderscheiden.

Een analyse van de ratio van het aantal Brusselse galeries tegenover het aantal Belgische galeries dat deelneemt aan Art Brussels in 2005 en in 2013, dus respectievelijk voor en na de crisis, geeft aan dat er momenteel verhoudingsgewijs veel meer galeries in Brussel gevestigd zijn dan vroeger het geval was.

Van de 33 Belgische deelnemers aan Art Brussels 2005 waren er dertien (39,4%) in Brussel gelegen. Van de 47 deelnemers die zijn aangemeld voor Art Brussels 2013 zijn er 26 (54,3%) die hun hoofdzetel in Brussel hebben.[10] Een beduidend hogere concentratie van de Belgische galeries in Brussel dus. Een fenomeen dat niet alleen te verklaren is vanuit een verhuizing van galeries uit Vlaanderen en Wallonië naar Brussel.[5]

Als we bovendien vaststellen dat van de 33 Belgische galeries die deelnamen aan Art Brussels 2005 er zestien zijn – dus zowat de helft! – niet meer aantreden op de editie van Art Brussels 2013, kunnen we ons andermaal de vraag stellen of het Belgische galeriewezen niet een zeer volatiele sector is. Dat beeld moet enigszins genuanceerd worden. Galeries kunnen eigen redenen hebben om van Art Brussels 2013 weg te blijven. En galeries kunnen om een of andere reden niet tot Art Brussels 2013 zijn toegelaten. Naar ons inzicht is de helft van het aantal galeries dat wel op Art Brussels 2005 en niet meer op Art Brussels 2013 aanwezig is inderdaad niet meer actief. Ook hier kunnen we niet zonder meer beweren dat dit een gevolg zou zijn van de crisis.

Een tweede fenomeen betreft de immigratie van buitenlandse galeries naar Brussel. Een significant aantal galeries (zes van de 69) in België is van allochtone origine en is zich volledig of met een tweede vestiging in Brussel (vijf)[6] of Antwerpen (één)[7] komen vestigen. Wie zal zeggen of die inwijkende beweging en/of de expansiezucht van de betrokken galeries een gevolg is van de crisis? Eens te meer kunnen andere factoren een beslissende rol hebben gespeeld.

Hebben de internationaal roemruchte Belgische verzamelaars, of de grote Belgische *private* of *corporate collections* waarvan een aantal zijn collectie quasi permanent in Brussel tentoonstelt,[8] hun faam zodanig versterkt dat buitenlandse galeries zich in verhoogde mate voor Brussel zijn gaan interesseren? Wie geeft het antwoord en met welk materiaal zal hij of zij zijn inzichten kunnen staven? En waarom een filiaal openen in Brussel of Antwerpen als je hoofdvestiging in Parijs of Keulen op amper twee uur rijden van het filiaal is gelegen?

Meer en internationaal beter gekende galeries zullen ongetwijfeld bijdragen tot de algemene aantrekkingskracht van de Belgische kunstscene op buitenlandse bezoekers en kopers. Maar of die Belgische kunstscene, hier begrepen als het geheel van kunstenaars, galeries, kopers en verzamelaars, critici, publiek en musea, van zo'n geïnternationaliseerd Belgisch galeriewezen effectief beter worden, is nog maar de vraag.

Het ziet er niet naar uit dat de zes genoemde buitenlandse galeries naar België zijn gekomen om de Belgische kunstenaars nationaal of internationaal te (helpen) promoten.

Op basis van hun websites zien we dat de zes genoemde buitenlandse Belgische galeries niet minder dan 233 kunstenaars vertegenwoordigen of tonen. Daarvan zijn er slechts dertien (5,6%) die we Belgische kunstenaars kunnen noemen. Eén van die zes galeries vertegenwoordigt zelfs geen enkele Belgische kunstenaar.

De galeries in hun Belgische en internationale context

Een laatste trend is dat het galeriewezen in België in het algemeen – en in Vlaanderen in het bijzonder – hoe langer hoe meer verweesd geraakt.

Het galeriewezen in België neemt feitelijk een moeilijke positie in. Niet het minst ten opzichte van de Belgische overheid, of beter nog: de Belgische overheden.

De Belgische galeries, verenigd of niet, zijn verdeeld over verschillende voogdijministers. Als ondernemingen moeten ze rekenschap afleggen aan de FOD Financiën, terwijl ze als verkopers van kunst (en dus als inners van de eerste lijn) rekenschap moeten afleggen aan de FOD Justitie over het volgrecht of *droit de suite*,[9] dat zij verplicht zijn af te dragen op elke verkoop (op enkele uitzonderingen na). Bovendien hebben de Belgische galeries af te rekenen met verschillende bevoegdheidsniveaus. Hun commerciële activiteiten moeten ze verantwoorden tegenover de federale overheid, hun artistieke of culturele rol moeten ze waarmaken tegenover de geregionaliseerde Ministeries van Cultuur.

Bovendien worden de richtlijnen over btw en volgrecht voornamelijk op Europees niveau vastgelegd. Het was Europa dat in 1995 de btw in de verschillende lidstaten harmoniseerde (waardoor de btw op beeldende kunst verhoogde van het laag tarief naar het normaal tarief, meer concreet wat België betreft, van 6% naar 21%). Uiterst merkwaardig dat dat andere culturele product, het boek, mocht en mag blijven genieten van het laag tarief (6% in België). Het was hetzelfde Europa dat in 2007 de toepassing van het volgrecht uitbreidde tot alle kunstverkopen die worden uitgevoerd door tussenkomst van een professional. Het is de FEAGA (*Federation of European Art Galleries Associations*, onder het voorzitterschap van galeriehouder Adriaan Raemdonck van De Zwarte Panter in Antwerpen die op dat Europese niveau lobbyt om een deugdelijke herziening en actualisering te verkrijgen van het volgrecht – dat van oorsprong een 19de-eeuws recht is. Maar dit zou België niet zijn als de Belgische galeries daarvan wakker zouden liggen.

Voor het vervolg beperk ik me tot de Vlaamse galeries. Dat maakt het een stuk eenvoudiger. De Vlaamse galeries hebben geen relatie met hun culturele overheid. Geen gestructureerde relatie, geen informele relatie.

In de *Beleidsnota Cultuur 2009-2014* van Vlaams minister van Cultuur Joke Schauvliege komt het woord galerie niet één keer voor! Het is des te vreemder dat een beleid dat prioritair gericht is op de ondersteuning van de individuele kunstenaar geen aandacht heeft voor de galerie als prioritaire relatie van diezelfde beeldende kunstenaar. Zelfs niet als het erop aankomt ondersteunende randvoorwaarden te creëren.

De Beoordelingscommissie Beeldende Kunst (BBK), de commissie van experts die adviseert over de overheidssubsidies aan kunstenaars, projecten en instellingen in het kader van het Kunstendecreet, telt vandaag elf leden. Bij hen geen enkele galeriehouder. Wel nog een kunstenaar. Dat was in de vorige samenstellingen weleens anders – maar daarom niet beter. Als er al galeriehouders in een BBK aangeduid waren, was dat niet omwille van de galeriesector. Die galeriehouders waren tot de BBK uitgenodigd vanwege hun expertise. Ze rapporteerden dan ook in het geheel niet aan de sector.

Tot voor enkele jaren konden galeries – het was daarbij nooit duidelijk of de nationaliteit van de aanvragende galerie een issue was – subsidies krijgen van het Ministerie van Cultuur voor deelname aan buitenlandse kunstbeurzen, op voorwaarde dat ze een minimumpercentage aan Vlaamse kunst op hun stand lieten zien. Enkele jaren geleden is die subsidieregeling afgeschaft. De laatste band tussen sector en overheid is daardoor verdwenen.

Dat is des te vreemder omdat 'het belang van de kunstbeurs in de afgelopen twee decennia enorm is toegenomen en ook het imago ervan is opgepoetst', aldus Dominic Van den Boogerd (2012, 128) directeur van De Ateliers in Amsterdam. De Communauté Française daarentegen handhaaft nog altijd een subsidieregeling voor beursdeelnames. En in Nederland, waar cultuur de laatste jaren heel erg onder druk is komen te staan, heeft het Mondriaan Fonds de regeling – weliswaar afgeslankt – behouden. Een Belgische galerie die een Nederlandse kunstenaar toont op een buitenlandse kunstbeurs, maakt nog altijd kans op een beurs vanwege de Nederlandse overheid.

Hoewel het waarschijnlijk zo is dat voor de meeste galeries een beurssubsidie geen conditio sine qua non is om eventueel aan een beurs deel te nemen, moet gezegd dat die ondersteuning (die over de vijf jaargangen 2001 tot 2005 minimaal 1000 en maximaal 6000 euro bedroeg, met een gemiddelde per beurssubsidie van 2882 euro)[10] in een voor het overige subsidieloze sector een passend doekje voor het bloeden was. Het voelde aan als meer dan een symbolische erkenning van het werk van de galerie. Hoe moet een sector zonder band met haar (culturele en/of economische) overheid komen tot de invoering van bijvoorbeeld de kunstkoopregeling? Een regeling die, als we de echo's over het functioneren ervan in Nederland mogen geloven, voor de sector veel kan betekenen en die tegelijk voor veel mensen de toegang tot het verwerven van een of meerdere kunstwerken faciliteert.

Er is nog meer. Jarenlang besteedde de Vlaamse Gemeenschap jaarlijks een bedrag aan de aankoop van levende Vlaamse kunstenaars, uiteraard vaak bij de galeries die die kunstenaars vertegenwoordigen. Dat aankoopbeleid is nu al enkele jaren op non-actief gezet.

Net iets minder erg is het gesteld met de aankoopbudgetten van de Vlaamse musea. Het vlaggenschip van de Vlaamse Gemeenschap, het M HKA – Museum voor Hedendaagse Kunst Antwerpen, beschikt voor 2013 over een aankoopbudget van welgeteld 100.000 euro. Ruimschoots onvoldoende voor de aankoop van een enkel werk van een ietwat gerenommeerd buitenlands kunstenaar en helemaal onvoldoende om de lokale en/of regionale kunstproductie te kunnen volgen of verzamelen.

De Vlaamse overheid, de Vlaamse musea en ook de *corporate collections* van met name de banken (Belfius, ING en dergelijke) besteden hoe langer hoe minder aan kunstaankoop, gesteld dat ze nog aan aankoop toe zijn. Of de galeries die omstandigheden kwalificeren als 'financieel moeilijke tijden'? Het mag duidelijk zijn dat er hier enkele afzetmogelijkheden zijn weggevallen.

Een en ander leidt ertoe dat er vandaag geen enkele formele erkenning bestaat van de artistiek-culturele bijdrage van de galeries en het galeriewezen aan cultuur in Vlaanderen. Geen reële, geen symbolische. Het volstaat niet te zeggen dat galeries een culturele bijdrage leveren. We moeten met harder materiaal die bewering staven teneinde ze te objectiveren. Op een enkele uitzondering na (een tentoonstelling en een publicatie over de *Wide White Space* van Anny De Decker-Lohaus in 1994 en een tentoonstelling over veertig jaar Galerie De Zwarte Panter in 2008) is de erfgoedwaarde van het galeriewezen momenteel totaal onbesproken en onbekend, en vandaar wellicht ook onbemind. Een onderzoeksterrein dat volledig open ligt voor bijvoorbeeld het Bilsen Fonds voor Cultuurmanagement, de academische wereld en voor onze Vlaamse overheid. Die drie actoren zouden samen met de sector de betekenis van het galeriewezen voor het zichtbaar maken van de kunstenaar en zijn werk kunnen onderzoeken en aantonen.

Promotiegaleries zijn in België nog altijd vooral eenpersoonszaken, die zolang blijven leven als wie de galerie uit de grond stampte. Galeries die generaties weten te overstijgen zijn een ware zeldzaamheid. We zullen in Vlaanderen ver moeten zoeken om een 'genealogie' te vinden.

Epiloog

Het galeriewezen in Vlaanderen is desalniettemin een dynamische en veerkrachtige sector en getuigt van cultureel ondernemerschap. Zoveel mag duidelijk zijn. De invloed van de financiële crisis van 2008 heeft tot dusver niet tot een decimering van de sector geleid, ook als de FEAGA vandaag vaststelt dat de Europese galerieverenigingen in 2012 zowat 10% van hun leden hebben verloren. Ik hoop duidelijk gemaakt te hebben dat boven de economische onderstroom heel wat andere factoren een grote rol spelen in het wel en wee en in de conjunctuur van het galeriewezen in het algemeen en van het galeriewezen in België en Vlaanderen in het bijzonder. Mogelijk beseft de galeriesector als collectief dit alles nog het minst. We kunnen niet stellen dat de sector verdeeld is, maar ook niet dat hij uitblinkt in animositeit, of a fortiori in eensgezindheid of eendrachtige slagkracht. De BUP, de Belgische beroepsvereniging van galeries voor moderne en hedendaagse kunst, is in elk geval bereid samen met alle andere actoren naar oplossingen te zoeken voor de geschetste problemen die de verderzetting van de rijke geschiedenis van het beroep bedreigen en naar verbetering te streven van de omgeving waarin een galerie altijd haar eigenzinnig ding zal doen, ten bate van alle veldspelers.

Referenties

De Sadeleer, K. (2013). Minder literatuur op de markt. *Rekto Verso*, 55, 36-37.

Gielen, P. & Laermans, R. (2004). *Een omgeving voor actuele kunst. Een toekomstperspectief voor het beeldende-kunstenlandschap in Vlaanderen*. Tielt: Lannoo.

Guiette, A., Jacobs, S., Schramme, A. en Van den Bempt, K. (2011). *Economische impactstudie van de creatieve industrieën in Vlaanderen*. Leuven: Antwerp Management School/Flanders District of Creativity.

Maenhout, T. (2005). *De Vlaamse Culturele Investeringsmaatschappij. Denkpistes ter ondersteuning van de Vlaamse Promotiegaleries*. Antwerpen: UAMS. (Onuitgegeven scriptie)

Mertens, N. (2012). Betekenis en positionering van het Amsterdamse galeriewezen. In: Van Adrichem, J., e.a., *Positioning the art gallery. Het Amsterdamse galeriewezen in een internationale context*. Amsterdam: Valiz.

Van den Boogerd, D. (2012). Nieuw elan in Amsterdamse Galeries. In: Van Adrichem, J., e.a., *Positioning the art gallery. Het Amsterdamse galeriewezen in een internationale context*. Amsterdam: Valiz.

Hedendaagse beeldende kunstorganisaties in België (2010), brochure BAM.

Contemporary Art in Belgium (2012), Visual Arts in Flanders, BAM.

Noten

1   In het verder verloop van de tekst gewaag ik enkel nog van 'galerie' terwijl daarmee impliciet 'promotiegalerie' wordt bedoeld.

2   Zie: http://www.artvista.de/pages/statistics/art fair and biennial statistics.html. Geraadpleegd op 10 februari 2013.

3   Zo komt de Gentse galerie Foncke tweemaal in de lijst voor. In de lijst zijn verder drie galeries opgenomen die werken met een vzw-statuut en ook een institutioneel gedragen presentatieplek. Guy Pieters, Patrick Derom, Ronny Van de Velde en Sabine Wachters.

4   Waaronder vier galeries van buitenlandse origine, maar met een vestiging in Brussel, zie ook infra.

5   Er is maar één galerie in dat geval: Galerie Grusenmeyer, Deurle, nu Hopstreet Gallery, Brussel.

6   Almine Rech (Parijs), Erna Hécey (Luxemburg), Galerie Nathalie Obadia (Parijs), Gladstone Gallery (New York), Motive Gallery (voorheen Amsterdam).

7   Galerie Christian Nagel (Keulen, Berlijn).

8   Men denke aan Belgacom Art en de collecties van Belfius en ING.

9   De Belgische overheid definieert het volgrecht aldus: 'Het volgrecht kan omschreven worden als het recht van een auteur van werken van grafische en beeldende kunst op een vergoeding bij sommige doorverkopen van zijn creaties. De reden van het bestaan van het volgrecht is dat dergelijke auteurs hun werken vaak als jong artiest tegen lage prijzen verkopen, en men hen enigszins wil laten meegenieten indien hun werken later voor hoge bedragen doorverkocht worden.' Het uitgebreide volgrecht, voorheen in België alleen van toepassing op openbare veilingen, geldt sinds 1 november 2007 voor elke verkoop uitgevoerd door een *professional*. Het volgrecht komt trouwens

niet alleen de kunstenaar ten goede. Na het overlijden van de kunstenaar wordt het volgrecht automatisch overgedragen op diens rechthebbenden, tot zeventig jaar na de dood van de kunstenaar.

10 Over de jaren 2001 tot 2005 beschouwd, besteedde de Vlaamse Gemeenschap op die manier en gespreid over 66 buitenlandse beursdeelnames door 21 Vlaamse en Brusselse galeries het totaalbedrag van € 190.218.

8. Waarom je de subsidies uit het Kunstendecreet het best *vermindert* met 25 procent
Een alternatieve kijk op subsidiëring

Dirk De Corte

In essentie heb ik iets tegen de tegen de term alternatief. En al helemaal als het de term 'alternatieve financiering' aangaat. Gewoon omdat veel zaken die als 'alternatief' worden verkocht dat helemaal niet zijn, wegens al eens eerder gezien en geprobeerd (overigens even vaak zonder als met succes).[1]

Wat me nog het meest stoort, is dat 'alternatief' in het huidige discours steevast wordt afgezet tegenover 'traditioneel', met als nauwelijks verholen ondertoon dat 'traditioneel' absoluut te mijden is en 'alternatief' het te koesteren ideaal is geworden. Het past in een primair binair denken dat de complexiteit van het leven, de wereld en de mens probeert te vatten in sofismen als: *'wie niet voor mij is, is tegen mij'*, *'wat niet wit is, is zwart'*, *'de vijand van mijn vijand is mijn vriend'* en ga zo maar door.

Nu ga ik op zich een eind mee in het Hegeliaanse denken dat these en antithese best tot synthese te verzoenen zijn. Alleen is, mijns inziens, in het huidig economisch discours, de antithese in veel gevallen helemaal niet oppositioneel aan de these.

Een kleine anekdote om het bovenstaande even te kaderen.

Tijdens het academiejaar 2012-2013 voerden de ongeveer tachtig studenten van de Master Cultuurmanagement van de Universiteit Antwerpen, voor de vakken Algemeen en Strategisch Management, HR Management, Marketing Management en Financieel Management, een audit uit bij veertien Vlaamse orkesten. Na afloop van een van die audits stapte een zakelijk leider van een van de onderzochte orkesten naar mij toe met de bedenking *'dat je sommige dingen niet economisch mag bekijken, want anders krijg je Geert Allaert-toestanden'*. (Geert Allaert is artistiek leider van Musical van Vlaanderen.)

Wat mij van die anekdote vooral bijblijft is het *'niet economisch mogen bekijken'* van een gesubsidieerde kunstensector en wat achter dergelijke redenering schuilgaat.

Vooreerst is er de onderliggende premisse dat 'economisch' blijkbaar synoniem is voor 'commercieel', en 'commercieel' ipso facto gelijk aan 'niet-gesubsidieerd'. Met andere woorden: een gesubsidieerde entiteit kan en mag niet commercieel handelen. Wanneer die redenering wordt doorgetrokken, wordt het krijgen van subsidies dus automatisch gelijkgesteld aan *niet-commercieel handelen* of, omgekeerd, komt commercieel handelen in de plaats van subsidie.

Op die manier blijf je subsidies natuurlijk zien als het gefinancierde onvermogen tot het verkrijgen van eigen inkomsten. Het is net die redenering die ik in vraag wil stellen. Het is dezelfde logica die het halen van meer eigen inkomsten bij vermindering van subsidie 'ondernemerschap' noemt. Met steeds weer dezelfde suppositie: ondernemerschap kan niet met subsidies en is gericht op het halen van meer eigen inkomsten ter vervanging van die subsidies. De ultieme betrachting kan dan alleen maar een financiering zijn die enkel uit inkomsten bestaat, volledig zonder subsidies.

Ik wil hier twee denkpistes uitzetten om dat paradigma te doorbreken, of het minstens een duw in een andere richting geven. Het is een richting waarbij subsidies niet worden gezien als *stop loss financing*, maar veeleer als middel om eigen inkomsten te verwerven.[2]

Sinds 2002 geldt in België de *taxshelter*, een fiscale regeling die de productie van audiovisuele werken stimuleert.[3] Deze wet maakt het mogelijk om, binnen bepaalde voorwaarden, een fiscaal voordeel te halen uit investeringen in audiovisuele werken. Simpel gesteld komt het erop neer dat de winst van een bedrijf dat in audiovisuele werken investeert, wordt vrijgesteld ten belope van 150%

van het bedrag van de investering. Op die manier werd er, voor wat betreft het Nederlandstalige landsgedeelte, tijdens het aanslagjaar 2011 (dus over de inkomsten uit het jaar 2010) een totaal van 46,3 miljard euro[4] aan belastingvoordeel gerealiseerd.[5] Als we een aanslagvoet van 33,99% nemen, vindt die besparing dus haar oorsprong in een belastbare basis van 46,3 miljard euro/33,99% of 136 miljard euro. Omdat het fiscaal voordeel erin bestaat dat de investeerders 150% van het geïnvesteerde bedrag mogen vrijstellen, weten we dat hier een totaal van 136 miljard/150% of 90,8 miljard aan investeringen in audiovisuele media aan de oorsprong liggen.

Uit onderzoek[6] weten we dat de middelen die via *taxshelter* in de audiovisuele industrie worden geïnvesteerd gemiddeld ongeveer 30% van het totale financieringsbudget van zulke investeringen uitmaken. Met andere woorden: de 90,8 miljard euro investeringen via *taxshelter* staan voor een totaal van 90,8 miljard euro/30% of 303 miljard euro aan investeringen. Bovendien weten we uit hetzelfde onderzoek dat het taxsheltergeld *gap financing* is, wat betekent dat zonder het geld de projecten meer dan waarschijnlijk niet hadden plaatsgevonden. De conclusie is dan ook tussen de 46,3 miljard euro aan fiscale incentives en een totaal van 303 miljard euro investeringen een rechtstreekse causaliteit is of, simpeler gesteld, dat voor 1 euro fiscale stimulus 6,5 euro aan investeringen wordt gegenereerd.

Nu is los van het hele verhaal vooral de woordkeuze in de bovenstaande paragrafen van belang. Want we hebben het telkens over 'fiscale incentives', 'stimuli' en 'aanmoedigingsmaatregelen', maar nergens over 'subsidie'. Want eigenlijk is het gewoon dat wat er gebeurt: er gaat, door het *niet betalen van belasting*, geld naar de audiovisuele industrie. In een 'logischer', zeg maar 'klassieker' ('niet-alternatieve') financieringsfiguur zou de overheid bij (in dit geval) bedrijven belastingen innen en vervolgens die belastingen gebruiken om de subsidie aan de audiovisuele industrie te verstrekken.[7] Het voorbeeld van de *taxshelter* is niet echt 'alternatief' meer: het bestaat al bijna tien jaar en door de populariteit ervan klinkt de roep tot uitbreiding naar andere creatieve industrieen steeds luider. Over de wenselijkheid daarvan spreek ik me hier niet uit, wel over het feit dat een bijkomend voordeel van de maatregel is dat het vervangen van subsidies door een dergelijke financieringsvorm ook nog als 'besparingsmaatregel' kan worden verkocht: je geeft als overheid immers minder uit.

Een tweede casus is wat 'spectaculairder' en speelt bovendien in op iets waar een ruim politiek draagvlak en consensus over bestaat: 'de hoge loonkost'.

In onze eigen Jupiler Pro League krijgen voetbalclubs[8] elk jaar een fiscaal cadeau van 67 miljard euro,[9] wat dus eigenlijk 70% is van de 95 miljard euro subsidies uit het Kunstendecreet. De Belgische staat is via de RSZ (Rijksdienst voor Sociale Zekerheid) en de inkomstenbelastingen eigenlijk de grootste financier van het Belgische profvoetbal. Uit een analyse van de jaarrekeningen van de Belgische clubs blijkt dat die jaarlijks zowat 67 miljard euro vrijstellingen genieten op bedrijfsvoorheffing en RSZ-bijdragen. Dat vindt zijn oorsprong in het feit dat, ten gevolge van een specifieke regeling, de RSZ-bijdrage voor voetballers, ongeacht het brutoloon, forfaitair is vastgesteld op 678 euro in plaats van de gebruikelijke 34,7%[10] voor 'normale' werknemers. Voor een bruto maandsalaris van, bijvoorbeeld, 10.000 euro betekent dat dus geen 3470 euro aan werkgeversbijdrage, maar amper 678 euro. Voor de zestien eersteklasseploegen betekent dat alles bij elkaar een voordeel van 37 miljard euro per jaar. Ook de regeling voor de bedrijfsvoorheffing is specifiek. Gemiddeld stort een werkgever ongeveer 35 tot 40% bedrijfsvoorheffing door naar de schatkist. Voor sportclubs geldt een andere regeling: zij mogen 80% van dat bedrag voor zich houden. Voor de zestien Belgische eersteklassers betekent dat nog eens 30 miljard euro per jaar. Ook andere sportclubs genieten van dat voordeel, maar omdat bij het voetbal de lonen het hoogst zijn, is het voordeel daar het grootst.

Het verschil met die al vaak geciteerde 95 miljard euro uit het Kunstendecreet is natuurlijk dat die 95 miljard euro paginagroot in de kranten komt, terwijl die 67 miljard euro van de zich professioneel noemende voetbalclubs onder de (verwarmde?) grasmat schijnt te verdwijnen en zich *in het verborgene* afspeelt.

Gaat u daarom eens even mee in de volgende aantrekkelijke gedachte: wat zou er gebeuren als we die techniek
van alternatieve subsidiëring binnen het Kunstendecreet
zouden toepassen?

Uit een recente veldanalyse door het Vlaams Theater
instituut[11] blijkt dat de instellingen die binnen het Kunstendecreet worden gesubsidieerd in 2008 in totaal 88,9
miljard euro aan bezoldigingen betaalden. Als we daar een
gemiddelde inflatie van 2% over de afgelopen vijf jaar op
los laten, staat dat bedrag van 88,9 miljard euro in 2008
voor 88,9 miljard x $(1,02)^{12}$ = 98,1 miljard euro in 2013.
Uit hetzelfde VTi-onderzoek blijkt dat ongeveer 60% van
de loonmassa wordt besteed aan 'artistieke' of 'technisch
artistieke lonen'. Als we van de huidige 98,1 miljard euro
vertrekken, hebben we het dus over een totale loonmassa
van 58,9 miljard euro. Stel nu even dat we hier dezelfde
behandeling toepassen als de voetbalclubs met hun voetballers. Dan zou dat betekenen dat 14,9 miljard euro aan
RSZ niet betaald zou hoeven te worden en dat 9,1 miljard
euro aan bedrijfsvoorheffing niet zou hoeven te worden
doorgestort. Met andere woorden: de middelen zouden
met 24 miljard euro toenemen. Of laten we het anders
zeggen: wanneer de instellingen binnen het Kunstendecreet[13] dezelfde fiscale behandeling krijgen als de collega's
uit het topvoetbal kan het met 24 miljard euro subsidie
minder. Een verschuiving van *directe* naar *indirecte* subsidiëring zou dus een *subsidievermindering* van 24 miljard
euro mogelijk maken. Op een totaal van 95 miljard euro
subsidies betekent dat dus een reductie van 27%.

Lijkt dat nu geen prikkelende gedachte in de hele discussie rond alternatieve subsidiëring? En is het geen briljante kop in de krant: 'Kunstensector pleit voor 25% subsidievermindering'?

Je scoort ermee in Europa en al helemaal bij de 'klassieke rechterzijde'. Je figureert prominent in de discussie rond *cultureel ondernemerschap* en haalt bij een *search* 'alternatieve financiering' via Google Analytics spectaculaire hits. Sponsors stromen massaal toe en je raakt meteen van de stempel *subsidiejunkie* af.

25% subsidievermindering? Tel je winst uit.

Noten

1 William Goetzmann (ed.). *The Origins of Value. The Financial Innovations that created Modern Capital Markets*, Oxford University Press, 2005; Niall Fergusson, *The Ascent of Money, A Financial History of the World*, Penguin 2009; David Graeber, *Debt. The First 5.000 Years*, Melville House, 2011; Franklin Allen, Glenn Yago, *Financing the Future. Market-Based Innovations for Growth*, Wharton School Publishing, 2010.

2 De parabel van de talenten uit Mattheus, 25 vers 14-30, biedt hier inspiratie, maar omdat het citeren uit de *Bijbel* in gesubsidieerde kunstenmiddens *absolutely* not done is en ik ook niet de ambitie heb een kerkelijk *risorgimento* in gang te zetten, zie ik af van het volledige citaat. Voor de geïnteresseerde lezer: de Willibrordvertaling, zeventiende druk, 1994, biedt op pagina 1310 soelaas.

3   Beschreven in het *Wetboek der Inkomstenbelasting*, 92, Artikel 194 ter – ingevoerd door de programmawet van 2 augustus 2002 (BBS, 29.08.2002).

4   We hanteren in heel dit artikel afgeronde bedragen.

5   De cijfers komen van de FOD Financiën. Zie de masterscriptie van Floris Benoit, *De TaxShelter Investering bij de Vlaamse Film. Stand van Zaken* (niet-gepubliceerde scriptie, 2012).

6   Floris Benoit, ibidem, op basis van interviews met betrokkenen uit de audiovisuele industrie.

7   Waarbij natuurlijk moet worden opgemerkt dat subsidies aan cultuur in België gemeenschapsmaterie zijn en die subsidies dus door de Vlaamse overheid worden verstrekt, terwijl de fiscaliteit in hoofdzaak door de federale overheid wordt geregeld. Al financiert die federale overheid op haar beurt dan weer de Vlaamse overheid, zodat de logica eigenlijk wel opgaat.

8   Opmerking ten overvloede voor zij die de auteur dezes kennen: ondergetekende is een fanatiek voetballiefhebber en als hij al van partijdigheid kan worden beschuldigd, werkt die in deze casus alleen maar tegen hem.

9   *Gazet van Antwerpen* en *Het Belang van Limburg*, 13 april 2011.

10 Zonder rekening te houden met de zogenaamde 'structurele lastenverlaging' van de RSZ-bijdrage.

11 Janssens, J. & Moreels, D. (2011). De ins & outs van het Kunstendecreet. Een blik op de opbrengsten en uitgaven van Kunstendecreetstructuren (2007-2008). In: Janssens, J. (Red.). *De ins & outs van podiumland. Een veldanalyse* (pp. 25-48). Brussel: VTi.

12 Natuurlijk gaat deze oefening uit van de totale cijfers en is de opdeling lonen/andere kosten sterk verschillend van instelling tot instelling, maar je zou een 'egalisatieregeling' kunnen bedenken waarbij die verschillen worden gecorrigeerd in die zin dat wie meer profiteert van de gunstige behandeling van RSZ en bedrijfsvoorheffing navenant minder 'echte' subsidie krijgt.

Over de auteurs

Jo Coucke (1955) licenciaat Kunstgeschiedenis (Moderne en Hedendaagse Kunst), Universiteit Gent (1980); wetenschappelijk medewerker Museum van Hedendaagse Kunst, Gent (1982-1986); medewerker Deweer Gallery, Otegem (sinds 1986); curator van de tentoonstelling "De Panamarenko Paradox" (Knokke-Heist, 2011); lid van de Directieraad van BUP - Belgische vereniging van moderne en hedendaagse kunstgaleries; schrijft en publiceert over hedendaagse beeldende kunst.

Roy Cremers (1983) studeerde kunstgeschiedenis (BA) en communicatie- en informatiewetenschappen (MA) aan de Vrije Universiteit in Amsterdam. Na een stage bij het Stedelijk Museum Amsterdam bleef hij hier in dienst als interim persvoorlichter. Hij werkte vervolgens bij Foam_Fotografiemuseum Amsterdam en het Amsterdams Fonds voor de Kunst waar hij het initiatief nam tot voordekunst.nl, de eerste crowdfunding website voor kunstprojecten in Nederland.

Dirk De Clippeleire startte zijn carriere in de marketing afdelingen van de Brouwerij Maes en de krant De Standaard. In 1989 werd hij gevraagd als marketing directeur van platenmaatschappij EMI waar hij 2 jaar later op 29-jarige leeftijd algemeen directeur werd benoemd. In 1996 verhuisde hij naar Polygram/Universal waar hij van 2002 tot 2005 internationaal actief was als Director

New Technologies. Na zijn vertrek bij Universal richtte hij CLIP Coaching&Consulting op. In 2011 keerde hij terug naar de muziek, als directeur van de AB.

Dirk De Corte is licentiaat Germaanse filologie en doceert Financieel Management binnen de masteropleiding Cultuurmanagement van de Universiteit Antwerpen en de Antwerp Management School. Hij was lange tijd 'director structured finance' bij ING in Amsterdam en zeven jaar algemeen directeur bij NTGent. Nu is hij managing partner bij ImproveMenT, een bedrijf dat geïndividualiseerde 'action learning programmes' aanbiedt aan topmanagers en hun teams, met bijzondere focus op situationeel leidinggeven.

Arjo Klamer is hoogleraar culturele economie aan de Erasmus Universiteit in Rotterdam en lector Creative Industries & Social Innovation bij Fontys Academy for Creative Industries in Tilburg. Hij is medeoprichter van de Stichting Atelier voor Creativiteit en Cultureel ondernemerschap, waarbij wetenschap en praktijk worden gecombineerd om culturele organisaties te adviseren in een tijd van bezuinigingen en veranderingen. Daarnaast is hij bestuurslid van verschillende culturele organisaties.

Nicolas Mansfield (1966) werd geboren in Reigate, Surrey, Engeland. Na zijn studie in musicologie en theologie aan de Universiteit van Sheffield, ging hij naar de Royal Northern College of Music in Manchester om zang te studeren. In 1989 verhuisde hij naar Nederland om te zingen in het Groot Omroepkoor te Hilversum. Het oprichten van een praktijk in muzikale dienstverlening en dirigeren bracht hem in 2000 naar de Nationale Reisopera in Enschede waar hij drie jaar als koordirigent werkte. In 2003 werd hij in hetzelfde bedrijf Hoofd Artistiek Adminstratie. Sinds begin 2013 is Nicolas Mansfield Algemeen Directeur van de Nationale Reisopera en moet hij zich behalve om het artistieke gedeelte ook om de bedrijfsvoering bekommeren.

Annick Schramme is hoogleraar en coördinator van de masteropleiding Cultuurmanagement aan de Universiteit Antwerpen en van de gelijknamige masterclass aan de Antwerp Management School. Daarnaast leidt zij het competence centre Management, Culture & Policy (Universiteit Antwerpen) en het competence centre Creatieve Industrieën & entrepreneurship (Antwerp Management School). Ze zetelt in diverse raden van bestuur en adviesraden in de brede cultuursector in Vlaanderen en Nederland en is voorzitter van het Bilsen Fonds voor Cultuurmanagement (Universiteit Antwerpen).

Walter van Andel is onderzoeker op het gebied van ondernemerschap in de creatieve industrieën aan Antwerp Management School. Walter is een van de auteurs van het boek: "Creative Jumpers: businessmodellen van groeiondernemingen in de creatieve industrieën," onlangs opgenomen in de longlist van managementboek van het jaar 2013. Hij heeft een bachelor en master in economische wetenschappen van Erasmus Universiteit Rotterdam en een MBA van Western Illinois University.

Eva Wuyts is een historica die ook de opleiding Cultuurmanagement heeft gevolgd aan de Universiteit Antwerpen. Ze werkte eerst als educatief en wetenschappelijk medewerker voor het Museum voor Geld en Geschiedenis van de Nationale Bank. Van 2004 tot 2009 leidde ze als coördinator erfgoedbeleid Erfgoedcel Ieper. Ze lag er mee aan de basis van de intergemeentelijke projectvereniging CO7. Sinds 2009 is ze coördinator van de Vlaamse Erfgoedbibliotheek.